MAGICAE
DARKSIDE

A LITTLE BIT OF CHAKRAS: AN INTRODUCTION TO ENERGY HEALING
Copyright © 2016 by Chad Mercree e Amy Leigh Mercree
Cover © 2016 Sterling Publishing Co., Inc.
Todos os direitos reservados.

Tradução para a língua portuguesa
© Verena Cavalcante, 2024

Diretor Editorial
Christiano Menezes

Diretor Comercial
Chico de Assis

Diretor de Novos Negócios
Marcel Souto Maior

Diretor de MKT e Operações
Mike Ribera

Diretora de Estratégia Editorial
Raquel Moritz

Gerente Comercial
Fernando Madeira

Gerente de Marca
Arthur Moraes

Gerente Editorial
Marcia Heloisa

Editora
Nilsen Silva

Adap. Capa e Proj. Gráfico
Retina 78

Coord. de Arte
Eldon Oliveira

Coord. de Diagramação
Sergio Chaves

Designer Assistente
Ricardo Brito

Preparação
Flora Manzione

Revisão
Esther Costa Faria
Jessica Reinaldo
Retina Conteúdo

Finalização
Sandro Tagliamento

Impressão e Acabamento
Ipsis Gráfica

DADOS INTERNACIONAIS DE CATALOGAÇÃO NA PUBLICAÇÃO (CIP)
Jéssica de Oliveira Molinari - CRB-8/9852

Mercree, Amy Leigh
  Manual prático dos chakras / Amy Leigh Mercree, Chad Mercree;
tradução de Verena Cavalcante. — Rio de Janeiro : DarkSide Books, 2024.
128 p.

  ISBN: 978-65-5598-378-4
  Título original: A Little Bit of Chakras

  1. Chacras I. Título II. Mercree, Chad III. Cavalcante, Verena

24-1354   CDD 131

Índice para catálogo sistemático:
1. Chacras

[2024]
Todos os direitos desta edição reservados à
DarkSide® Entretenimento LTDA.
Rua General Roca, 935/504 — Tijuca
20521-071 — Rio de Janeiro — RJ — Brasil
www.darksidebooks.com

MAGICAE APRESENTA

MANUAL PRÁTICO DOS
CHAKRAS

AMY LEIGH & CHAD MERCREE
TRADUÇÃO VERENA CAVALCANTE

DARKSIDE

MANUAL PRÁTICO DOS

CHAKRAS

SUMÁRIO

INTRODUÇÃO:
O QUE SÃO CHAKRAS? 7

1 **COMO USAR ESTE LIVRO** 12

2 **A HISTÓRIA DOS CHAKRAS** 16

3 **MULADHARA: O CHAKRA RAIZ** 24

4 **SVADHISHTHANA: O CHAKRA SACRAL** 34

5 **MANIPURA: O CHAKRA DO PLEXO SOLAR** 42

6 **ANAHATA: O CHAKRA CARDÍACO** 52

7 **VISHUDDHA: O CHAKRA LARÍNGEO** 62

8 **AJNA: O CHAKRA DO TERCEIRO OLHO** 72

9 **SAHASRARA: O CHAKRA CORONÁRIO** 82

10 **OUTROS CHAKRAS** 90

QUIZ:
TESTE PARA OTIMIZAR SEUS CHAKRAS
E SUA VIDA 97

ÍNDICE REMISSIVO 118

AGRADECIMENTOS 123

SOBRE OS AUTORES 125

MANUAL PRÁTICO DOS
CHAKRAS

INTRODUÇÃO:
O QUE SÃO CHAKRAS?

O *Manual Prático dos Chakras* apresentará a você o mundo místico dos chakras, que são focos de energia em formato de redemoinho localizados em partes específicas do corpo. Os chakras são concentrações de força vital presentes no interior do corpo e formados por linhas de energia que percorrem todo o organismo, sobrepondo-se e cruzando-se. Há milhares de anos, místicos e estudiosos utilizam e estudam os poderes dos chakras, incorporando-os em uma ampla variedade de práticas espirituais. O trabalho com a energia dos chakras tem sido diretamente relacionado a um aumento da longevidade — da saúde física, mental e emocional — e ao bem-estar geral.

Considerando a existência de informações conflitantes sobre o número, a localização e o propósito dos chakras, compilar um guia detalhado é uma tarefa difícil. Este livro aborda a visão ocidentalizada dos chakras, presente na literatura contemporânea esotérica, em oposição à visão mística tradicional do Oriente. Sendo assim, nosso foco são os sete chakras principais, que vão desde a base da coluna até o topo da cabeça, mas também dedicamos um capítulo inteiro para falar sobre outros chakras que vêm sendo estudados ao longo dos últimos dois mil anos.

Cada chakra está relacionado a órgãos do corpo, atitudes mentais ou emocionais, a doenças ou à saúde física, a cores, sons, habilidades psíquicas e muitas outras coisas. Algumas dessas associações são simbólicas, outras se baseiam em fórmulas matemáticas ou na opinião pessoal de praticantes bem-conceituados. Há uma crença amplamente difundida no Movimento Nova Era de que energia e consciência são a mesma coisa, logo, nesse sentido, a energia dos chakras também conteria aspectos de nossa própria consciência. Iogues e místicos encontraram diversas maneiras de trabalhar com esses centros de consciência, e aqui apresentaremos alguns exercícios e técnicas de meditação que ajudarão o leitor a se conectar, a nível pessoal, com pelo menos sete de seus chakras primários.

Os chakras são parte de um campo áurico humano muito mais amplo. A aura é um campo dinâmico de energia que envolve e permeia o corpo humano. Ela está sempre em movimento, como uma nuvem pulsante, e suas características, cores e vibrações mudam a cada situação, pensamento e sentimento. Os médiuns acreditam que nós nos conectamos espiritualmente uns com os outros, com o mundo ao nosso redor e com o próprio universo através dessa energia corporal. O corpo físico seria simplesmente o aspecto mais denso do nosso ser terrestre. Nesse sentido, a aura representaria, da forma mais verdadeira possível, quem realmente somos; os chakras, por sua vez, seriam parte essencial dela, pois se conectam, simultaneamente, ao aspecto denso do ser e aos campos áuricos de luz.

Os chakras são pontos de energia concentrada presentes dentro de nós, e, quando estão saudáveis, a energia vital flui desimpedida através deles. No momento em que isso ocorre, as cores são vibrantes e nítidas. Do contrário, se as energias estiverem desequilibradas, as cores tendem a ser mais escuras, densas e opacas. Durante uma leitura psíquica, os médiuns captam a qualidade energética dos campos áuricos, o que inclui nossos chakras. Assim como os médicos convencionais acreditam que armazenamos memórias no cérebro, embora esse exato mecanismo ainda precise ser comprovado, os místicos acreditam que conservamos nossas memórias espirituais no campo áurico. Os médiuns, portanto, conseguiriam "enxergar", nos chakras e no campo áurico, nossas memórias, nossos estados emocionais e nossas vidas passadas.

Como você descobrirá no capítulo dois, o conceito dos chakras existe há mais de dois mil anos na Índia, e há milhares de anos os chineses taoístas vêm aprendendo a mover seu *chi*, ou força vital, pelas diversas "estações", que correspondem mais ou menos ao conceito indiano dos chakras. Ambos os sistemas usam a visualização para atrair a consciência humana a esses pontos de energia interna, especialmente durante períodos de meditação. Graças a registros escritos ao longo de milhares de anos, somos capazes de acessar novas descobertas e mudanças de percepção sobre o universo dos chakras e da aura, esse campo energético que circunda os seres humanos.

Entre o surgimento do *Upanishad* (os tratados filosóficos indianos), do taoísmo chinês e da Nova Era, o conceito dos chakras mudou drasticamente. Diferentes religiões, seitas, filósofos e místicos ao redor do mundo os descrevem de maneira distinta, portanto, não há consenso sobre como eles se parecem e até sobre onde estão localizados. Todavia, ao longo do tempo, toda essa gama de ideias sobre chakras partiu da visualização abstrata até se tornar parte viva e integral da consciência humana. Pensando nisso, este livro compartilha o ponto de vista ocidental contemporâneo de que os chakras são centros energéticos que influenciam o bem-estar e a cura física, emocional e espiritual.

O *Manual Prático dos Chakras* foi organizado de forma sequencial, abordando um chakra após o outro, começando da base da coluna e indo até o topo da cabeça. Reconhecemos sete chakras primários, embora vários outros "menores" também sejam reconhecidos. Os capítulos 3 a 9 são dedicados a cada um dos sete chakras primários: raiz, sacral, do plexo solar, cardíaco (ou do coração), laríngeo (ou da garganta), do terceiro olho e o coronário (ou da coroa). Cada um deles é associado a certas cores, órgãos, estados físicos e emocionais,

INTRODUÇÃO 9

elementos, sons e outras características específicas. Algumas pessoas veem os chakras como conceitos-chave para alcançar níveis avançados de evolução espiritual, como, por exemplo, na Yoga Kundalini.* Por essa razão, cada capítulo dedicado a um chakra contém exercícios e meditações específicos com a intenção de ajudar o leitor a se conectar, a trabalhar com a energia e a característica daquele centro energético em particular. Ao aprender a trabalhar com as energias distintas de cada chakra, é possível incorporá-las a qualquer prática espiritual.

O capítulo dez, por sua vez, explora o fascinante reino de outros chakras, indo além dos sete primários. No entanto, é importante lembrar que a localização, a importância, o formato e a função de cada um deles varia de acordo com a tradição; este livro se focará nos mais conhecidos. Junto aos sete chakras primários tradicionais, você aprenderá a se conectar a esses pontos extras de energia e a trabalhar com eles para alcançar processos de cura, sabedoria e um despertar espiritual.

Graças ao pequeno movimento Nova Era, do fim do século XIX e do começo do século XX, muitos conceitos espiritualistas do Oriente conseguiram chegar ao Ocidente. Dessa forma, nos últimos cem anos, pessoas de todo tipo de estilo de vida, classe social ou fé incorporaram filosofias orientais em suas vidas.

Esperamos que goste do *Manual Prático dos Chakras*. O mundo dos chakras tem um passado notável e já contribuiu enormemente para o bem-estar físico, emocional, mental e espiritual de milhares e milhares de buscadores espirituais. Desejamos o mesmo a você.

---

* Prática de Yoga que busca o despertar da consciência por meio da união entre mente, corpo e espírito. (As notas são da tradutora.)

1
Como Usar este Livro

MANUAL PRÁTICO DOS
CHAKRAS

O TRABALHO COM CHAKRAS E O AMPLO CAMPO energético humano traz consigo diversos impactos positivos à saúde e ao bem-estar. Também é uma excelente maneira de entrar em contato com a própria espiritualidade. O *Manual Prático dos Chakras*, portanto, tem como objetivo ajudar o leitor a se familiarizar com as posições dos chakras e aprender a se conectar com esses pontos de energia através de simples exercícios de meditação guiada. Se tiver dúvidas sobre meditação ou trabalho energético, não deixe de se consultar com um profissional de saúde antes de tentar qualquer uma das práticas abordadas no livro. Caso sinta algum desconforto físico, mental ou emocional, por favor, consulte seu médico.

Tradicionalmente, o trabalho espiritual energético ocorre sob a orientação de um professor qualificado. A sociedade ocidental, por sua vez, sempre autossuficiente, está repleta de pessoas que acreditam ser capazes de fazer tudo sozinhas, e, caso você se enquadre nesse parâmetro, aja com calma, tendo em mente que, se enfrentar problemas ou obstáculos, deverá buscar um professor espiritual para aconselhamento. Nos últimos milhares de anos, milhões de pessoas descobriram os efeitos positivos que a prática da Yoga Kundalini e a meditação em geral têm sobre a saúde, e todas as práticas abordadas neste livro se encontram no lado mais suave do espectro da meditação. O *Manual Prático dos Chakras* é apenas a ponta do iceberg no que diz respeito à filosofia hinduísta e ao Movimento Nova Era. Dessa maneira, nos capítulos seguintes, abordaremos as filosofias antigas que originaram o conceito de chakra e campo energético somente de passagem. O intuito deste pequeno guia é divertir, ensinar e, esperamos, inspirar o leitor a embarcar em uma profunda autodescoberta espiritual.

Esta é uma introdução ao mundo dos chakras e às maneiras como podemos trabalhar com esses centros de energia. Você não precisa ler os capítulos em sequência. É possível escolher um chakra de maior interesse e seguir a partir daí, fazendo os exercícios de meditação presentes no capítulo específico. Exercícios, aliás, que podem ser repetidos quantas vezes você quiser até alcançar os resultados positivos que deseja. Recomendamos que dedique de trinta a sessenta minutos por dia para completar cada um desses exercícios, por isso é importante que sejam praticados em um local confortável e silencioso, onde não há distrações. Vista roupas confortáveis e escolha um lugar para se sentar ou se deitar, permitindo que seu corpo permaneça relaxado durante todo o exercício. Eles podem ser feitos a qualquer hora do dia ou da noite e, caso você adormeça durante a meditação, não se preocupe. É só um sinal de que você precisava de um tempinho de descanso.

No fim do *Manual Prático dos Chakras*, você encontrará uma lista cheia de recursos fantásticos com o propósito de guiá-lo, caso queira aprender mais sobre os chakras, desde os tempos antigos até hoje.

2

A História dos Chakras

MANUAL PRÁTICO DOS

CHAKRAS

VAMOS LÁ: O QUE SÃO OS CHAKRAS E POR QUE deveríamos entendê-los? Para responder a essa pergunta, antes precisamos compreender como os antigos hindus enxergavam o mundo. Os chakras são parte de uma filosofia muito ampla que diz respeito à composição do universo e ao lugar da humanidade em uma hierarquia espiritual. Se não os colocarmos em contexto, pode parecer que são apenas mais uma moda esotérica, quando são exatamente o oposto.

O conceito de chakras se originou na Índia antiga e faz parte de uma filosofia e prática espiritual muito mais profunda, chamada de Yoga Kundalini. Essa prática ganhou popularidade na Índia antiga em um período no qual o hinduísmo védico, um consagrado conjunto de crenças conhecido por sua intensa ritualística que incluía sacrifícios animais, perdia força entre as massas. Muitas pessoas preferiam seguir um estilo de vida mais espiritual e passar os melhores anos de suas vidas meditando e buscando por uma espiritualidade solitária. Nessa época, surgiram diversos místicos que desenvolveram múltiplas práticas filosóficas e de yoga para refletirem suas descobertas espirituais.

De modo geral, os adeptos da Yoga Kundalini creem que essa prática é especialmente eficaz durante um ciclo específico da existência humana, o "Kali Yuga", que pode ser traduzido como "a idade das trevas". Ao longo desse período, acredita-se ser quase impossível alcançar a iluminação, pois a confusão e o materialismo atrapalhariam o desenvolvimento humano. A Yoga Kundalini ajudaria a superar esses obstáculos, espiritualizando, em essência, o corpo humano; assim, seria possível criar um corpo de luz dentro do corpo físico.

A Yoga Kundalini é um caminho muito difícil de ser seguido, já que são necessários anos para dominá-lo. A palavra "Kundalini" faz alusão a uma energia cósmica, uma força vital que reside adormecida na base da coluna. A prática da Yoga Kundalini inclui técnicas para despertar essa energia e enviá-la para percorrer o corpo até alcançar o chakra coronário e, em seguida, retornar à coluna, formando um *loop* energético. Ao longo do caminho, essa energia cósmica desperta diversos centros de energia do corpo. Esses centros são chamados de chakras, e a quantidade deles, assim como suas características e localização, podem variar de acordo com o ensinamento de cada professor. Uma vez que os chakras são despertados, acredita-se que seus efeitos transformadores no corpo humano contribuem para uma melhoria da saúde, para a longevidade, a clareza mental, e assim por diante. Sendo assim, em termos tradicionais, é impossível abordar o conceito de chakras sem falar da Yoga Kundalini.

Essa sabedoria espiritual indiana foi transmitida oralmente de professores a alunos, por centenas ou até mesmo milhares de anos antes de ser finalmente registrada por escrito. Os primeiros registros dessa filosofia mística, que incluem outros conceitos além da Yoga Kundalini, aparecem entre 600 e 800 AEC, ou seja, cerca de 2.700 anos atrás.

Contudo, apenas duas centenas desses documentos sobreviveram à passagem do tempo, e um número ainda menor deles é considerado relevante. Essas centenas de documentos não podem ser lidas como uma coisa só, diferentemente da Bíblia. Cada trabalho tem sua própria perspectiva, mas foram compilados em escrituras chamadas de *Upanishads* (ou *Upanixades*).

A palavra *"upanishad"* deriva do sânscrito *"upa"* ("perto") e *"nishad"* ("sentado"), o que pode ser traduzido como "aos pés do professor". Isso significa que os *Upanishads* eram ferramentas que deviam ser explicadas ao aluno por um professor qualificado, não através da leitura de um manual. Os primeiros *Upanishads* expressam ideias como reencarnação, karma e iluminação, enquanto os últimos, escritos entre o segundo século AEC e o segundo século EC, abordam conceitos como chakras, mantras e yoga tântrico.

Segundo os *Upanishads*, existem duas forças-chave espirituais: Bramã e Atman. Bramã seria a força subjacente, não expressa e causal da realidade. Sua energia cria tudo que existe em cada universo, mas existe fora do tempo e do espaço. Atman, por sua vez, é a força vital, a verdadeira essência presente dentro de cada ser vivo. Por meio da meditação, podemos nos conectar com nossa essência Atman. O objetivo hinduísta da iluminação, *moksha*, envolve manter uma ligação tão profunda com Atman que nos permitiria retornar à nossa origem Atman e assim transcender a morte e a reencarnação. Isso é possível porque, na realidade, Bramã e Atman são a mesma essência, portanto, retornar a Atman é retornar a Bramã, além de todos os nossos conceitos mentais de realidade.

A energia de Atman flui por todo o corpo humano ao longo de canais específicos de energia chamados *nadis*, similares ao conceito de meridianos de energia da medicina tradicional chinesa. *Nadis* são como veias de energia que fluem dentro dos seres vivos. Esses fios se cruzam e se sobrepõem em certas áreas do corpo, e alguns desses cruzamentos fazem os *nadis* se dobrarem e se contorcerem, formando nós energéticos. Esses nós são o que conhecemos como *chakras*.

A meditação acalmava a mente, o corpo e o espírito, permitindo aos místicos que sentissem a força vital de Atman fluindo dentro deles. A energia *nadi* também corre através da *prana*, a respiração, passando por todo o corpo em um padrão complexo, mas toda essa energia se converge no coração, que se acredita ser o centro da consciência. Alguns textos apontam a existência de 72 mil canais *nadi* convergindo no centro do coração; outros mencionam centenas de milhares.

Alguns textos yóguicos descrevem os chakras como ferramentas de visualização utilizadas pelos yogis tântricos em suas buscas pelo despertar espiritual. Nesse caso, acreditava-se que os chakras não pudessem ser dissociados da visualização. Os yogis os teriam criado pela visualização a fim de armazenar a energia espiritual para uso durante práticas mais avançadas. Havia a crença de que o armazenamento de força vital era um pré-requisito para atingir a iluminação, por isso os aprendizes de yoga passavam a vida toda aprendendo a acumular energia. Muitos outros yogis acreditam que os chakras existem independentemente de qualquer coisa, e conseguem enxergá-lo como uma energia viva e luminosa.

Foi a partir do segundo século AEC que esses nós torcidos e dobrados de *nadis* foram reconhecidos como centros energéticos, os chakras. Em sânscrito, língua escrita da Índia antiga, "*chakra*" significa "*roda*", representando o formato que os místicos dizem enxergar. Também já foram descritos como pétalas de uma flor, em que alguns chakras teriam duas pétalas, enquanto outros teriam um número infinito delas. Os chakras sempre foram descritos de diversas maneiras, e isso continua a acontecer. Suas cores, posições, tamanhos, características e propósitos costumam variar de filosofia a filosofia, de místico a místico.

O budismo tântrico, uma vertente do budismo tibetano que deriva do Tantra, por exemplo, tem uma visão bastante distinta do número, da localização e da composição dos chakras no corpo. Nos últimos dois mil anos, outras tradições, como a Yoga Laya e a Kundalini, além da Radha Soami, uma religião do século XIX, só para mencionar algumas, deram, cada uma, visões únicas sobre chakras e desenvolvimento espiritual.

Até hoje não há, na filosofia indiana, qualquer consenso sobre em quais partes do corpo as *nadis* fluem, nem sobre quantas vezes elas se retorcem para formar os chakras, muito menos sobre onde estão esses centros energéticos no corpo. O sistema do guru Sri Aurobindo, criado no início do século XX, reconheceu a existência de sete chakras no corpo, mas sua importância e significado eram exclusivos de seus ensinamentos. Ainda assim, há um conceito universal acerca da importância dos chakras para nosso bem-estar físico e espiritual, e ao longo dos milênios o entendimento acerca do que são os chakras e o campo energético continua a se desenvolver.

Com o tempo, as crenças e as religiões indianas foram se tornando cada vez mais diversificadas. No subcontinente indiano, o budismo e o jainismo surgiram da base da religião e filosofia hinduísta. As duas novas religiões abraçaram o desenvolvimento espiritual individual e o conceito de chakras, junto a tradições místicas específicas de seus ancestrais, incluindo crenças como karma, reencarnação e iluminação. Eventualmente, muitas tradições espirituais do Oriente chegaram ao Ocidente, principalmente no século XIX.

Nos séculos XIX e XX, muitos autores e personalidades influentes moldaram a visão ocidental sobre as religiões e o misticismo orientais. Esses pontos de vista sobreviveram à passagem do tempo e se tornaram base tanto para o Movimento Nova Era quanto para a espiritualidade pop moderna, e é dessas perspectivas que derivam as informações presentes neste livro. As opiniões desses autores sobre chakras, mais do que qualquer outra coisa, foram o que moldou a maior parte das filosofias da Nova Era.

Em 1875, surgiu a Sociedade Teosófica, fundada por Helena Blavatsky, e vários de seus membros notórios, como Annie Besant, Charles Leadbeater e Henry Olcott, escreveram livros sobre tópicos metafísicos que abrangiam desde Mestres Ascensionados e os Arcanjos dos Sete Raios até clarividência e magia. Blavatsky afirmava que alguns de seus ensinamentos tinham sido canalizados por Mestres Ascensionados, no caso os Mahatmas ou a Grande Fraternidade Branca, que na época viviam em um local secreto no Tibet. Como grupo, a Sociedade Teosófica promovia crenças antigas sobre o poder do número sete e as aplicava sobre toda uma série de conceitos metafísicos, inclusive o dos chakras. Em 1927, Charles Leadbeater publicou o livro *The Chakras* ["Os Chakras"] e, seguindo o formato teosófico, nomeou sete chakras. Ele os descreveu como sendo multicoloridos e com diferentes graus de complexidade. Isso batia com o ponto de vista yóguico sobre chakras. Todavia, as localizações e os significados de cada um dos sete chakras, além de suas cores, são bastante distintos da visão contemporânea.

Madame Blavatsky dizia ter viajado extensivamente pela Índia e por outros locais considerados remotos para os padrões europeus do século XIX, e alegava ter estudado com grandes mestres espirituais. As ideias modernas da Nova Era sobre Mestres Ascensionados e os poderes mágicos dos Arcanjos podem ser encontradas nos ensinamentos da Sociedade Teosófica. No que diz respeito aos chakras, suas perspectivas acerca da localização e do significado de cada um deles seguem influenciando a cultura pop ocidental até os dias de hoje.

Outra figura bastante influente na visão que o mundo ocidental incorporou sobre os chakras foi sir John George Woodroffe (também conhecido como Arthur Avalon), cujo livro revolucionário, *The Serpent Power: The Secret of Tantric and Shaktic Yoga* ["O Poder da Serpente: Os Segredos do Yoga Tântrico e do Yoga Shaktic"], publicado em 1919, apresentou para o Ocidente ensinamentos tântricos, Yoga Kundalini e o conceito de chakras. *The Serpent Power* tem como base a tradução de dois textos da Yoga Tântrica: *Description of the Six Chakras* ["Descrição dos Seis Chakras"] e *Fivefold Footstool* ["Os Cinco Elementos Sagrados"], de Swami Purnanda, datados de 1526 EC. Em contraste com a Sociedade Teosófica, o trabalho de Woodroffe era acadêmico e extremamente técnico, e ainda hoje é reconhecido como uma sólida contribuição à compreensão da sociedade ocidental sobre as tradições orientais. Outras publicações também surgiram na mesma época, como *System of Chakras According to Gorakshanatha* ["O Sistema de Chakras Segundo Gorakshanatha"], em 1923, que lista os 31 chakras principais em uma vasta paleta de cores, incluindo, por exemplo, "esfumaçado".

Nosso conceito contemporâneo de que os sete chakras correspondem às sete cores do arco-íris remete a Christopher Hills, cujo livro *Nuclear Evolution: Discovery of the Rainbow Body* ["Evolução Nuclear: A Descoberta do Arco-íris Interno"], publicado em 1977, influenciou profundamente o Movimento Nova Era, ainda que tenha sido esquecido. Essa obra abordava, em detalhe, cada um dos centros energéticos, mas todos eles acabaram passando batido pelos leitores. O que ficou na memória, ultrapassando o tempo, foram as associações dos chakras a cada uma das cores do arco-íris.

Quase dez anos depois, em 1988, o livro *Mãos de Luz*, de Barbara Ann Brennan, adotou uma abordagem científica e apresentou aos leitores o conceito de chakras como vórtices de energia giratória que emergem tanto na parte da frente quanto na parte de trás do corpo. Esses vórtices se conectariam às forças cósmicas, e ela utilizou esse conceito em suas práticas de cura. Ela descreveu como esses vórtices giratórios estariam espalhados por diversas partes do corpo, como mãos, pés e, principalmente, articulações. Tanto a visão de Barbara Ann Brennan quanto a de Christopher Hills parecem ter sido influenciadas pela Sociedade Teosófica. Mesmo assim, ainda hoje muito se debate sobre a existência e as funções dos chakras.

No fim, quem mais influenciou a compreensão ocidental dos chakras foram os teosofistas, e, mesmo hoje, cem anos depois do movimento, seus trabalhos continuam a inspirar autores esotéricos. É possível que, quanto mais atenção for dada aos centros energéticos do corpo, mais novas ideias sobre suas funções e seus propósitos surgirão. Todos somos capazes de compreender profundamente como funcionam nossos chakras; você ficaria surpreso com a facilidade de senti-los. Com a prática, você poderá ver, sentir e trabalhar com esses pontos de energia concentrada de maneira transformadora.

Desde a origem dos chakras como visualizações até a visão de Brennan sobre vórtices giratórios tridimensionais de luz, nossas ideias e crenças sobre os chakras mudaram radicalmente nos últimos dois mil anos, e muito provavelmente continuarão a evoluir e se desenvolver no futuro.

3

Muladhara: O Chakra Raiz

MANUAL PRÁTICO DOS

CHAKRAS

EM SÂNSCRITO, A PALAVRA "*MULADHARA*" SIGNIFICA "a morada da raiz". O chakra raiz está localizado na base da coluna. A maior parte das tradições afirma que ele é da cor vermelha. Algumas pessoas o enxergam em diferentes tons de vermelho, indo desde um vermelho-cereja vibrante até um castanho-avermelhado. Parte da percepção sobre um chakra envolve o quanto sua luz irradia. Quanto mais luminoso e brilhante, melhor. Uma vez que os chakras são feitos de energia, esperamos que sejam límpidos e resplandecentes, não turvos e fracos.

Segundo a tradição tântrica, esse chakra possui quatro pétalas de um vermelho intenso.

Muladhara rege a sobrevivência, a segurança e a sua passagem pelo mundo. Esse chakra é sobre suporte. Ele é a base do corpo físico justamente por estar localizado no fim da coluna, e se relaciona ao modo como você se sente sustentado no mundo material. Um chakra raiz saudável e nítido trará vitalidade aos seus pés e pernas. A energia fluindo naquela região sempre será forte e rica.

Se estiver bem equilibrado, o *muladhara* repercute muita segurança, estabilidade e serenidade. Ele o ajuda a se sentir seguro no mundo e garante que suas necessidades sejam satisfeitas, especialmente as básicas, como moradia, comida, água, sono, roupas e conforto material. Devido à nossa urgência por estabilidade e segurança no mundo, todos buscamos força no chakra raiz.

A gravidade é sua força mais influente. Em essência, é ela que, gentilmente e sem nenhum esforço, mantém seus pés no chão. Sentir-se "aterrado", aliás, é um termo que você já deve ter ouvido sobre o chakra raiz. Estar aterrado significa estar "enraizado", centrado e presente no próprio corpo e no planeta.

O corpo e a presença são essenciais para a saúde e a felicidade. Idealmente, o corpo deve estar sempre aterrado e presente. Esse sentimento se origina na segurança fornecida pelo chakra raiz. A força e o equilíbrio de *muladhara* pavimentam o caminho para uma vida estável e segura.

EXERCÍCIO:
MEDITAÇÃO PARA SE CONECTAR AO CHAKRA RAIZ

Aprender a se conectar mais profundamente com o chakra raiz é algo que lhe ajudará a desenvolver uma maior consciência da existência dele e de todos os seus outros chakras. Isso o despertará para os vórtices giratórios de luz interior e o ajudará a dominar os poderes deles. Além disso, sentir seu chakra raiz o avivará e irá fazê-lo sentir-se mais presente neste mundo.

Escolha um local calmo e silencioso onde não será perturbado por pelo menos quinze minutos. Fique o mais confortável possível. Você pode se sentar ou se deitar; o importante é escolher uma posição na qual será difícil pegar no sono. No entanto, se você acabar cochilando durante esse exercício, tudo bem. Significa apenas que seu corpo desejava ir mais além e se abrir para uma cura manancial, o que sempre funciona melhor se sua mente consciente estiver fora de cena.

Feche os olhos e preste atenção na sua respiração. Escute o ar entrando e saindo da sua boca e comece a respirar mais lenta e profundamente. Sinta o corpo relaxar e afundar no ritmo de sua respiração e na serenidade do momento.

Agora, imagine a versão mais nítida, luminosa e radiante de vermelho que conseguir. Visualize essa cor feita de raios ou partículas de luz. Deixe essa luz vermelha brilhar na sua visão interior. Foque-se na cor e permita-se mergulhar lentamente nela, cada vez mais.

Coloque ambas as mãos no baixo ventre ou nas nádegas. Sinta as mãos se conectando com o chakra raiz e enxergue nele a belíssima luz vermelha que você estava vendo brilhar até agora. Sinta-a pulsar na região.

A seguir, repita em voz alta o mantra associado ao chakra raiz: "Lam". Diga a palavra e, ao mesmo tempo, sinta as mãos conectadas à energia viva do chakra em seu interior. Repita "Lam" e continue a afundar na consciência do seu chakra raiz.

Repita o mantra e esse processo pelo tempo que quiser. Ao sentir que a meditação chegou ao fim, traga sua consciência de volta para o local em que você se encontra e esfregue vigorosamente as mãos, os pés, as pernas e os braços enquanto diz: "Estou aqui agora. Estou presente". Certifique-se de ter voltado a si completamente antes de continuar com o seu dia. Beber água ajuda no processo.

Cada um dos chakras está associado a uma ou mais glândulas endócrinas. O chakra raiz rege as glândulas suprarrenais, que estão localizadas no topo dos rins e são ativadas sempre que você vivencia uma situação tensa ou ameaçadora. Elas bombeiam adrenalina. Uma disfunção endócrina que costuma ser associada às glândulas suprarrenais é a fadiga adrenal. Ela é um sintoma de falhas ou de excesso de atividade das glândulas suprarrenais. Nos tempos modernos, embora dificilmente nos encontremos em perigo físico, nossas glândulas confundem estresse emocional e mental com ameaças físicas e reagem como se estivéssemos correndo risco de vida. Um tratamento para essa condição, tanto para o corpo quanto para o espírito, são a meditação e as técnicas de relaxamento.

As partes do corpo associadas ao chakra raiz são os pés, as pernas, o períneo, o plexo coccígeo, o reto e o intestino grosso. Alguns sinais de que possivelmente esse chakra está desequilibrado são: hemorroidas; problemas intestinais (como constipação ou diarreia); dores no nervo ciático, nos joelhos ou nos quadris.

Disfunções emocionais, mentais ou espirituais envolvendo o chakra raiz incluem: excesso de apego a bens materiais; acumulação; ser muito aéreo ou alienado; sofrer de medos excessivos e irracionais.

A fim de promover saúde e vitalidade nessas áreas, você pode visualizar tons vibrantes e nítidos de vermelho, especialmente se achar que seu chakra está hipoativo, que não há *chi* ou energia suficiente fluindo através dele. Esse chakra é muito associado à Terra e ao solo, então uma das coisas mais saudáveis que você pode fazer por ele é andar sem calçados. Fazer isso ao ar livre é ainda melhor. Deitar-se em um parque, em um gramado ou na areia da praia fará com que você se aproxime do planeta, o que não só fortalecerá seu chakra como também equilibrará suas glândulas suprarrenais.

Sempre que pensar na saúde do seu chakra raiz, pense na sua fundação e no fato de que ela é a base de toda a sua vida. Imagine suas crenças, seus pensamentos e sentimentos mais profundos e fundamentais alinhados à energia mais saudável possível. Imagine que suas necessidades e segurança pessoal foram completamente asseguradas. É isso que o poder do chakra raiz oferece.

Se a energia de seu chakra estiver equilibrada, você se sentirá perfeitamente seguro ao dirigir um carro. Se sentirá satisfeito com todos os seus bens materiais. Sentirá que sua existência na Terra é firme e forte, assim como sua passagem pela vida. Seu chakra raiz é uma fonte de força no mundo terreno. Finque raízes no hoje. Finque raízes na sua vida. Finque raízes no mundo. Viva o agora.

EXERCÍCIO:
ATIVIDADE PARA SE CONECTAR AO CHAKRA RAIZ

O chakra raiz é sobre viver o agora e sentir-se aterrado. Use a seguinte meditação sempre que precisar acessar as raízes que o amarram ao planeta, que o nutrem e o sustentam. Leia esse texto em silêncio, em voz alta ou grave-o e coloque-o para tocar sempre que for preciso. Sente-se ou deite-se para realizar esse exercício. Você pode fazê-lo tanto em um ambiente interno quanto ao ar livre, em um espaço seguro e silencioso que lhe permita relaxar e desfrutar da experiência.

Foque-se na sola dos seus pés. Sinta raízes irrompendo de cada um deles e do seu cóccix; depois, sinta como elas penetram na Terra. Elas podem se unir, virando uma só raiz, grossa e larga, ou permanecerem duas ou três raízes separadas. Todas essas variações são comuns e qualquer uma delas pode acontecer. Você não precisa saber de antemão.

Sinta-as penetrando cada vez mais fundo no solo, atravessando matrizes de pedras, rochas e aquíferos subterrâneos. Continue estendendo suas raízes até chegar ao magma presente no manto do planeta. Por fim, chegue até o centro da Terra. Sinta as raízes serem sugadas até o núcleo do planeta. Firmes. Estáveis. Fortes. Enraizadas.

Sinta a energia e a vibração da Terra percorrendo as raízes e chegando até você, penetrando pelos pés e pelo cóccix. Sinta-a pulsando dentro de você. Escute o bater do coração do planeta como um tambor suave. Mergulhe nesse som interdimensional.

Aproveite essa profunda comunhão com a Terra. Sinta o amor dela se expandindo no interior de cada célula do seu corpo. Está tudo bem com você e a Terra, sua mãe. Ela é fonte infinita de força e deseja compartilhar esse manancial de estabilidade e poder com você, filho dela. Agradeça ao planeta por esse presente inestimável.

Retorne lentamente à consciência no local em que está meditando, onde você está sentado ou deitado. Sinta tudo aquilo que está em contato com seu corpo: a cadeira, a cama, o chão. Mexa os dedos dos pés e das mãos.

Com a consciência totalmente presente e os olhos abertos, preste atenção na pulsação das raízes abaixo de você. Mantenha a consciência do seu chakra pelo máximo de tempo que conseguir. Caminhe um pouco, ainda sentindo suas raízes.

Preste atenção nas solas dos seus pés. Desfrute da experiência de estar completamente presente e aterrado no momento; desfrute do prazer de viver no presente.

AFIRMAÇÃO POSITIVA DO CHAKRA RAIZ

"ESTOU PRESENTE E ATERRADO NA MINHA VIDA."

4

Svadhishthana: O Chakra Sacral

MANUAL PRÁTICO DOS

CHAKRAS

A PALAVRA "*SVADHISHTHANA*" SIGNIFICA "DOÇURA" em sânscrito. O chakra sacral está localizado na parte inferior do abdômen e do útero. É de consenso geral que sua cor seja laranja. Algumas pessoas o descrevem como sendo de um laranja nítido, vívido, exatamente como a fruta. Outras o enxergam em tons mais claros ou dourados. Quanto mais brilho o chakra tiver, mais saudável ele é. Os chakras devem ser sempre luminosos, nítidos e cheios de luz. Isso significa que a energia deles está equilibrada e fluindo como deveria. Para liberar a energia bloqueada em algum chakra, encha-o de luz e esqueça qualquer negatividade passada que possa estar retida ali.

A tradição tântrica acredita que esse chakra tenha seis pétalas da cor de cinabre. Neste capítulo, no entanto, utilizaremos a teoria ocidental sobre chakras, na qual o chakra sacral é laranja.

O *svadhishthana* rege o prazer, o desejo, a sexualidade, a sensualidade e a procriação. Representa a doçura da vida e o bem-estar. Esse chakra potencializa a experiência de mundo ao estimular seus sentidos e emoções. Ele é complicado, complexo e, sempre que em equilíbrio, imensamente recompensador. Um chakra sacral saudável e vibrante o ajudará a viver a vida plenamente. Ele traz vitalidade através de prazer e satisfação, por isso pode ser uma grande fonte de alegria.

Quando está equilibrado, o *svadhishthana* lhe proporciona a habilidade de lidar bem com as mudanças e polaridades da existência. Ele também proporciona gozo, movimento, emoção, sexualidade e acolhimento. Ajuda-o a viver a vida de forma sensorial e integra essa energia aos corpos sutis. O desejo humano de procriar e de estar com um parceiro romântico é parte da dança ministrada pelo chakra sacral.

A força principal desse chakra é a atração entre opostos. Você pode pensar que isso ocorre apenas por razões fisiológicas masculinas e femininas, porém, o chakra sacral governa o corpo da melhor forma possível para favorecer a procriação. É por isso que o *svadhishthana* é também seu centro de energia criativa. É o local onde você dá à luz ao que deseja manifestar ou compartilhar com o mundo.

Sentir-se cheio de vida, criativo e alegre é um fator essencial para levar uma vida feliz. De forma ideal, se o seu chakra sacral estiver saudável, você sentirá vitalidade, ânimo, criatividade e experienciará todos os prazeres sensoriais da vida (não só o sexo) diariamente. A criatividade e a doçura presentes no chakra sacral pavimentam o caminho de uma vida de satisfação e bem-estar.

EXERCÍCIO:
MEDITAÇÃO PARA SE CONECTAR AO CHAKRA SACRAL

Uma conexão mais profunda com o chakra sacral é algo que o auxiliará a desenvolver uma maior consciência da existência dele e de todos os seus outros chakras. Isso fortalecerá a energia desse chakra, que realçará toda a vitalidade e o prazer da sua vida. Sentir a energia do chakra sacral o ajudará a apreciar a doçura deste mundo.

Escolha um local calmo e silencioso onde você não será perturbado por pelo menos quinze minutos. Fique o mais confortável possível. Você pode se sentar ou se deitar; o importante é escolher uma posição na qual será difícil pegar no sono. No entanto, se você acabar cochilando durante esse exercício, tudo bem. Significa apenas que seu corpo desejava ir mais além e se abrir para uma cura manancial, o que sempre funciona melhor se sua mente consciente estiver fora de cena.

Relaxe e sinta a ligação da sua pele com sua roupa e com a cadeira ou o sofá onde estiver sentado. Preste atenção no ar em contato com sua pele descoberta. É fresco, morno, reconfortante? Agora mude o foco para o ar que está respirando. Sinta como ele entra pela sua boca e percorre sua traqueia. É frio, parece uma brisa? Continue atento à respiração. Mergulhe fundo no som de seu movimento. Relaxe os músculos a cada respiro e sinta o corpo se fundir à cadeira ou sofá. Libere toda a tensão com cada sopro de ar que deixar seu corpo.

Agora, visualize um tom vibrante, esplendoroso e radiante de laranja. Imagine que ele é composto de partículas ou raios de luz, você é quem escolhe. Observe esse brilho laranja irradiar na sua visão interior. Foque-se na cor e se deixe ser atraído por ela. Una-se a essa luz por meio desse foco.

A seguir, coloque as mãos sobre a parte inferior de seu abdômen. Sinta como elas se conectam ao chakra sacral enquanto visualiza o laranja deslumbrante dele. Sinta a energia laranja pulsando através das suas mãos.

Repita o mantra associado ao chakra sacral em voz alta: "Vam". Ao dizer a palavra, deixe que as mãos se conectem à energia desse chakra em movimento sob sua pele. Repita o mantra e continue focado na sua percepção do chakra sacral.

Repita o mantra pelo tempo que quiser. Você pode fazer essa meditação quantas vezes desejar para fortalecer o chakra. Quando sentir que é o momento, retorne ao campo físico. Foque-se em cada um dos seus sentidos e preste atenção no que está ao seu redor. O que você vê? Que cheiros detecta? O que ouve? Que sabores sente? Esfregue os braços e as pernas vigorosamente e fique atento ao que sente cineticamente. Esteja totalmente presente e consciente antes de seguir com o dia. Beba bastante água para reintegrar as energias que reuniu.

O chakra sacral é associado aos ovários e testículos, e essas são as glândulas que o regem principalmente. Glândulas endócrinas produzem hormônios. Os ovários, além de produzirem os óvulos para serem fertilizados, também produzem estrogênio, progesterona e testosterona. Os testículos, por sua vez, produzem esperma e testosterona.

Se essas glândulas endócrinas não funcionarem corretamente, é possível que você sofra de impotência, falta de libido ou infertilidade. Na vida moderna, estamos constantemente expostos a uma miríade de substâncias químicas e xenoestrogênios (falsos estrogênios). Os xenoestrogênios são substâncias muito comuns em produtos de limpeza, como alvejante e água sanitária, e também em plásticos. Eliminar ou reduzir sua exposição a esse tipo de substâncias pode melhorar a saúde do seu corpo. Alguns meios de compensação mente-corpo envolvem visualizações guiadas e acupuntura.

Outras partes do corpo associadas ao chakra sacral são o útero, os genitais, os rins, a bexiga, o sistema circulatório, a próstata e o plexo nervoso sacral. Alguns sinais de disfunção do chakra sacral são: problemas uterinos, na bexiga ou na próstata; doenças nos rins; problemas na base da coluna; anemia.

Disfunções emocionais, mentais e espirituais desse chakra incluem: ninfomania; descontrole emocional ou falta de sensibilidade emocional.

Para melhorar a saúde e a vitalidade desse chakra, visualize tons vibrantes de laranja, especialmente se ele lhe parecer pouco ativo. Você também pode vestir essa cor. Vista um tom mais suave, como cor de pêssego, para estimular a aceitação da doçura em sua vida. Uma vez que esse chakra é associado especificamente aos prazeres simples da vida, você também pode fazer alguma atividade que lhe seja prazerosa de forma saudável.

EXERCÍCIO:
ATIVIDADE PARA SE CONECTAR AO CHAKRA SACRAL

O chakra sacral é sobre bem-estar e prazer sensorial. Ele também é comumente associado ao elemento Água. Para realizar essa atividade, você precisará de sal marinho, tempo livre sem interrupções e uma banheira ou chuveiro.

Prepare um banho de banheira se tiver uma. Se não for o caso, faça esse processo no chuveiro. Desfrute da sensação da água em sua pele. Preste atenção na temperatura dela.

Pegue um punhado de sal marinho e salpique-o sobre seus braços e pernas como um esfoliante. Foque-se na sensação em sua pele. É boa? Sente aspereza demais ou é algo revigorante? Você está se conectando aos seus sentidos? E se acrescentasse um óleo essencial à experiência? Que tal beber um delicioso chá enquanto escuta uma música calmante? Esteja atento aos seus cinco sentidos e escute o seu corpo.

Essa é a essência de um chakra sacral saudável: estar presente para o prazer sensorial que seu corpo é capaz de vivenciar. Conecte-se a essas sensações e sinta o seu chakra sacral se fortalecendo.

AFIRMAÇÃO POSITIVA DO CHAKRA SACRAL

"SINTO O GOZO PLENAMENTE E ME PERMITO RECEBER FORÇA VITAL ATRAVÉS DELE."

Manipura: O Chakra do Plexo Solar

MANUAL PRÁTICO DOS
CHAKRAS

A PALAVRA "*MANIPURA*" SIGNIFICA "GEMA LUSTROSA" em sânscrito. O *manipura* é um chakra localizado no seu plexo solar, que é a área logo acima do umbigo e abaixo do apêndice xifoide. A maioria das tradições descreve esse chakra como amarelo. Geralmente, costuma se mostrar em um tom resplandecente e cheio de vivacidade. Uma forma de julgar se esse chakra está saudável é se ele estiver exibindo cores fortes e luminosas. Uma ótima forma de imaginar o chakra do plexo solar é visualizando-o como um dínamo amarelo cintilante.

Na tradição tântrica, esse chakra é retratado como tendo dez pétalas azuis, um triângulo virado para baixo com o símbolo solar hindu cruzado sobre ele e um carneiro na sua base. Neste livro, abordaremos o modelo ocidental de pensamento, no qual esse chakra é da cor amarela.

O *manipura* governa o poder pessoal, a autoconfiança, a assertividade e a força de vontade. Esse chakra é sobre poder. Ele fortalece todo o corpo e se relaciona com um melhor uso do poder e da vontade. O chakra do plexo solar é responsável pela sua singularidade e permite que você transforme todas as suas peculiaridades através do seu poder pessoal e da sua força de vontade. Um nítido e radiante chakra do plexo solar ajudará você a manejar seu próprio poder no mundo.

Quando está equilibrado, esse chakra emana autonomia, autoestima, autoconfiança e livre-arbítrio. Ele fará com que você se sinta mais seguro de si e independente, favorecendo o cumprimento das suas necessidades de validação e liberdade. Todos nós desejamos ser soberanos e catalizadores de nossas vontades. Justamente por essas necessidades, o fortalecimento do chakra do plexo solar é uma urgência da natureza humana.

A força mais influente do chakra do plexo solar é a combustão. Ela é a essência da transformação e do poder, é a chama da metamorfose. Esse chakra fornece vigor e entusiasmo. É responsável por energizar e abastecer todas as suas ações nesse mundo, sendo essencial para a realização de tudo que envolve muita energia dinâmica.

O poder pessoal que você tem é intrinsecamente importante para a sua existência. O ideal é que seu corpo seja sempre poderoso e capaz, e que seu senso de identidade seja forte e saudável. Esse sentimento provém justamente da energia presente no chakra do plexo solar. O poder e o equilíbrio desse chakra pavimentam o caminho de uma vida de sucesso e bons resultados.

EXERCÍCIO:
MEDITAÇÃO PARA SE CONECTAR AO CHAKRA DO PLEXO SOLAR

Ter mais consciência do seu chakra do plexo solar o ajudará a se sentir autoconfiante e capaz. Também potencializará sua conexão com todos os outros chakras e, além disso, abrirá seus olhos para o mundo energético dentro de você. A conexão com o chakra do plexo solar o deixará mais ciente do seu poder pessoal.

Encontre um lugar calmo e silencioso onde você possa desfrutar de sua própria companhia por cerca de quinze minutos. Relaxe e respire profundamente. Você pode se deitar ou se sentar em posição meditativa, de pernas cruzadas ou em uma cadeira.

Feche os olhos e relaxe ao ritmo da respiração que entra e sai do seu corpo, prestando atenção às suas sensações e às batidas do seu coração. Diminua o ritmo e respire mais profundamente.

Com a visão interior, visualize um amarelo vibrante e incandescente, todo feito de luz. Observe como brilha diante de você. Ele preencherá toda sua mente, ou então você o verá como uma esfera ou massa de energia colorida. Adentre esse amarelo radiante. Sinta o brilho dele sobre você.

A seguir, posicione as mãos sobre seu chakra do plexo solar. Sinta a conexão delas com esse chakra, e deixe que troquem energias com o *manipura*. Sinta a pulsação entre eles. Preste atenção ao belo tom de amarelo dessa energia. Sinta o sabor dele.

Agora, na sua mente, repita o mantra deste chakra: "Ram". Diga a palavra em voz alta, com as mãos conectadas à energia giratória que corre dentro de você.

Continue repetindo esse mantra e sentindo o poder de seu chakra pelo tempo que desejar. Quando estiver pronto para encerrar a meditação, afaste as mãos gentilmente e retorne à consciência. Esfregue os braços e as pernas vigorosamente e diga em voz alta: "Estou aqui. Estou presente". Certifique-se de que voltou totalmente a si antes continuar o seu dia. Não se esqueça de beber bastante água.

O chakra do plexo solar é associado ao pâncreas. Esse órgão é tanto uma glândula exócrina quanto endócrina. Suas funções exócrinas serão discutidas em breve, antes falaremos das funções endócrinas. Como glândula endócrina, o pâncreas secreta os hormônios da insulina e do glucagon para controlar os níveis de açúcar no sangue.

As disfunções dessa glândula incluem hipoglicemia e diabetes de tipo 1. A hipoglicemia tem diversas causas; uma das mais raras é quando o pâncreas produz um excesso de insulina. No caso da diabetes tipo 1, é justamente o contrário — há um déficit de produção. Algumas terapias mente-corpo que podem ajudar com esses problemas são o tai chi, o yoga e a ayurveda (um sistema medicinal hindu baseado no equilíbrio de todo o corpo através de dieta apropriada, tratamentos com ervas e respiração yóguica).

Outras partes do corpo comumente associadas ao chakra do plexo solar são o sistema digestivo, os músculos e a função exócrina do pâncreas, que excreta enzimas para quebrar proteínas, lipídeos, carboidratos e ácidos nucleicos presentes nos alimentos. Algumas disfunções desse chakra incluem úlceras e problemas digestivos.

Disfunções emocionais, espirituais ou mentais desse chakra costumam se mostrar pelo excesso de raiva, seja ela reprimida ou expressada com descontrole. Em geral, pessoas que sofrem de "pavio curto" precisam equilibrar e acalmar o chakra do plexo solar. Exercícios de controle da raiva podem ser aprendidos com um profissional qualificado.

A saúde e o bem-estar desse chakra podem ser potencializados por visualizações de diferentes tons de amarelo. Se o chakra estiver hiperativo e houver muita raiva, então imaginar um tom pastel de amarelo pode neutralizar o centro energético e ajudar a relaxar. Por outro lado, se o chakra estiver hipoativo e você sentir a necessidade de aumentar seu nível de autoconfiança e poder, visualizar matizes mais vibrantes, nítidas e fortes de amarelo pode ser muito útil.

Para melhorar a saúde do chakra do plexo solar, exercitar-se de maneira vigorosa é uma ótima pedida. O mesmo vale para todos os tipos de treino de força. Construir resistência, estamina e força é ótimo para que esse chakra funcione mais facilmente e com clareza. Outra excelente forma de alavancar a energia desse chakra é enfatizando ao máximo a construção da sua autoestima. Uma maneira de fazer isso é se tornando consciente sobre a forma crítica como você se enxerga, tentando substituir esses pensamentos por pontos de vista mais positivos; para isso, você pode, por exemplo, criar uma lista de trinta coisas maravilhosas sobre você mesmo. Trate-se com gentileza e respeito; assim, seu chakra do plexo solar terá uma oportunidade de se purificar e fortalecer.

Como sua força de vontade está centrada no chakra do plexo solar, é muito importante manter essa energia saudável e em equilíbrio, pois ela afeta sua capacidade de trazer criações ao mundo e fazê-las acontecerem. O seu terceiro chakra é responsável por boa parte do seu sucesso no mundo. Na sociedade contemporânea, a energia da força de vontade move as situações na direção que você deseja. Isso tem um grande efeito na sua carreira e em muitos outros aspectos da sua vida.

Use a força de vontade para movimentar as coisas, desde que essa força esteja equilibrada, garantindo e pretendendo que tudo que você aspira seja pelo bem maior, principalmente para o próprio bem. Procure por situações vantajosas em resposta a circunstâncias específicas da vida e saiba que sua vontade pode ser forte e individual; permita que ela flua na direção que você deseja. Ela é como um rio de vibração e você pode criar e entrar nesse fluxo deslumbrante e infinito, dominando o poder da vontade para conquistar a melhor versão da sua vida.

EXERCÍCIO:
ATIVIDADE PARA SE CONECTAR AO CHAKRA DO PLEXO SOLAR

Uma das principais razões para o bloqueio ou excesso de densidade do chakra do plexo solar é a repressão da raiva. Reprimir a raiva é uma coisa completamente natural, que quase todo mundo faz em alguma medida. Dr. John Sarno, um renomado ortopedista, dedicou a maior parte de sua carreira a estudos sobre o papel das emoções reprimidas nos processos curativos do corpo.

Uma das autoras deste livro, Amy, é médica intuitiva há mais de quinze anos, portanto, já notou que o local mais comum no qual as pessoas guardam a raiva reprimida é no fundo do chakra do plexo solar. Com essa atividade, você dará uma válvula de escape a essa densa energia e, como resultado, deixará o espaço livre para receber energias mais leves de força e autoconfiança.

Encontre um lugar reservado, onde você possa falar alto e agir como quiser, sem ser observado. Se possível, faça essa atividade ao ar livre, mas em um lugar fechado (de preferência no chão) também funciona bem. Durante esse exercício, você irá exteriorizar toda a sua raiva e todo o seu ódio para o planeta. A Terra é capaz de reciclar qualquer forma de energia gerada por humanos, plantas ou animais. Assim, nesse caso, o planeta absorverá o seu ódio e o transformará em uma luz branca, que será usada como combustível. É um acordo mútuo e bastante benéfico entre você e a Terra.

Fique em pé e feche os olhos. Respire profundamente, levando o ar ao abdômen, depois bata forte os pés. Então pare de bater os pés e, no próximo respiro, visualize esse ar entrando em você. Ao exalar, veja como esse mesmo ar sai do seu plexo solar e começa a formar uma nuvem de tempestade na frente do seu corpo. Repita o processo, continue respirando e aumentando a nuvem de tempestade à sua frente.

Quando ela estiver completamente formada, respire fundo outra vez, sentindo o ar no seu plexo solar. Ao exalar o ar com força, visualize um raio de luz saindo da nuvem de tempestade e descendo até a Terra. Faça isso repetidas vezes e continue jogando esses raios na direção da Terra. Eles representam sua raiva reprimida. Deixe sair tudo, não guarde nada. Continue respirando e enviando raios. Você também pode bater palmas, gritar e bater os pés. Libere-se de todos os sentimentos acumulados dentro de você. Talvez você nem saiba do que se trata, mas não tem problema; na verdade, pode acabar sendo até mais eficiente dessa maneira. Deixe a mente longe disso e foque-se no seu corpo. Faça isso pelo tempo quiser, até sentir que chegou ao fim — você saberá que terminou porque se sentirá mais calmo. É possível que você se sinta esgotado antes do término; e, se isso acontecer, repita o exercício mais algumas vezes. Tudo bem; não há pressa.

Quando estiver pronto para descansar, deixe a respiração voltar ao normal e tire alguns momentos para sentar e envolver seu corpo com os braços, dando um abraço em si mesmo. Em seguida, escreva um pouco sobre seus sentimentos em um diário. Se esse processo trouxer à tona coisas demais para você, considere conversar com um amigo ou um profissional de confiança.

Não se esqueça de beber bastante água após o exercício e de se tratar sempre com muito cuidado e carinho.

AFIRMAÇÃO POSITIVA DO CHAKRA DO PLEXO SOLAR

"SOU CONFIANTE E ME CONECTO COM MEU PRÓPRIO PODER."

6

Anahata: O Chakra Cardíaco

MANUAL PRÁTICO DOS
CHAKRAS

A PALAVRA "*ANAHATA*" SIGNIFICA "NÃO PERCUTIDO" em sânscrito, um som que se propaga mesmo que não haja encontro entre dois ou mais instrumentos. O chakra cardíaco, ou do coração, está localizado bem no centro do peito. Nas tradições ocidentais, ele é sempre descrito como sendo da cor verde. Acredita-se que seja de um tom brilhante de esmeralda. Quanto mais resplandecente e vibrante for sua cor, mais saudável é o chakra.

Nas tradições tântricas, acredita-se que ele tem doze pétalas vermelhas circundando uma estrela de seis pontas. Todavia, até o fim do capítulo, vamos nos referir à visão ocidentalizada sobre ele.

O chakra *anahata* rege o amor, a respiração, o equilíbrio, os relacionamentos e a unicidade. Quando está em equilíbrio, ele comanda energias mais elevadas, como as compostas por amor e compaixão. Também governa questões românticas e fraternais, assim como conexões amorosas. Sempre que as necessidades de seu chakra forem satisfeitas, você se sentirá amado, cuidado e nutrirá muito amor-próprio. A ânsia universal que todos os seres têm de amarem e serem amados se origina no chakra cardíaco.

A força mais influente desse chakra é um estado de calma e equilíbrio, o que é um tipo de estabilidade emocional e harmônica. Ter um coração tranquilo e feliz é a essência do equilíbrio do chakra cardíaco.

Ter amor e um coração feliz são características cruciais para sua qualidade de vida. A vida é sobre criar conexões e carinho; sem isso, você sempre se sentirá só e carente. Se o seu chakra cardíaco estiver saudável, você nunca estará sozinho. Se possível, estenda os cuidados não só aos outros, mas também a si próprio, e permita que seu coração esteja sempre aberto e pleno.

EXERCÍCIOS:
MEDITAÇÃO PARA SE CONECTAR AO CHAKRA CARDÍACO

Conectar-se ao chakra cardíaco o ajudará a dar e receber amor com mais facilidade, a desenvolver maiores níveis de compaixão direcionados não só aos outros, mas também a você, contribuindo para que se sinta mais aberto e capaz de se conectar com o mundo à sua volta. Ao sintonizar-se com esse chakra, você descobrirá que o mundo é um lugar benevolente e que estamos todos interconectados.

Encontre um local silencioso, depois sente-se ou deite-se. É importante que você não seja incomodado por pelo menos quinze minutos. Comece fechando os olhos e relaxando o corpo. Depois descanse, relaxe (no chão ou na cadeira) e passe a respirar mais profundamente.

Após ter relaxado o corpo e respirado fundo por alguns minutos, imagine uma gloriosa e resplandecente cortina de verde-esmeralda diante de você. Observe enquanto essa luz pulsa cheia de vida. O cor-de-rosa também é bastante associado a essa chakra, então fique à vontade para acrescentar algumas nuances suaves de rosa nele. Continue focado nas cores e nos seus diferentes tons antes de senti-las pulsando.

Leve as mãos ao centro do peito e se apoie nele, uma palma contra a outra, com os dedos apontando para cima. Sinta o verde e o rosa dentro do seu coração, pulsando no centro do peito, e perceba como suas mãos estão sendo envolvidas nesse latejar. Mergulhe nas cores e deixe que elas inebriem os seus sentidos. Nesse momento, suas mãos devem estar formigando, quentes ou pulsando de energia. Afinal, elas estão conectadas ao seu coração. A energia desse órgão costuma fluir pelos braços e sair pelas mãos. Isso acontece quando, por exemplo, você dá um tapinha no ombro de alguém que ama, acaricia o cabelo de uma criança ou faz uma massagem no pescoço de seu cônjuge.

Continue focado nas cores e sensações, depois repita o mantra desse chakra para si mesmo ou em voz alta: "Yam". Repita e mantenha o foco nas mãos conectadas ao seu coração. Sinta as cores ali. Perceba as emoções presentes no seu coração. Deixe a consciência descansar naquela área, respire fundo e sinta a pulsação crescer ali.

Siga repetindo o mantra e sentindo seu coração pelo tempo que quiser. Quando achar que o ritual já chegou ao fim, deixe que sua consciência retorne lentamente, percebendo você e o ambiente ao redor. Esfregue os braços e as pernas vigorosamente, para então dizer a si mesmo: "Estou aqui agora. Estou presente". Beba bastante água e continue o dia com o sentimento de amor no coração.

O chakra cardíaco é comumente associado à glândula timo. Essa glândula é mais ativa antes da puberdade. Ela fica localizada entre os pulmões, logo atrás do esterno. Antes da puberdade, o timo secreta bastante timosina, um hormônio que ajuda o corpo a produzir linfócitos T, que, por sua vez, são células com um papel vital na imunidade humana durante toda a vida.

Uma disfunção endócrina associada ao timo pode causar imunidade baixa. Considerando que a maior influência do timo ocorre na infância, a melhor maneira de fortalecer o corpo adulto é aumentando a imunidade de múltiplas maneiras. Um dos tratamentos que pode ajudar no quesito mente-corpo envolve meditação e Qi Gong (medicina tradicional chinesa) para reduzir os efeitos do estresse no corpo. Exercícios físicos em geral também ajudam a dar um *up* na imunidade, assim como a esfoliação da pele.

Outras partes do corpo associadas ao chakra cardíaco são o coração, os pulmões, as mãos e os braços. Alguns sinais de que esse chakra está desequilibrado são doenças cardíacas e asma. Disfunções emocionais do chakra podem incluir medo de não ser amado o suficiente e sentir-se incapaz de receber amor.

Para promover a saúde desse chakra, você deve simplesmente mergulhar no amor de forma saudável e equilibrada. Uma ótima maneira de dar e receber amor incondicionalmente é adotando animais de estimação. Se você tem um cachorro, provavelmente já sabe como é. Se não, talvez você deva passar um tempo com o bichinho de algum amigo e oferecer a ele muito amor e carinho. Passar alguns momentos com crianças da família, em especial as que estão no começo ou no meio da infância, é outra forma de partilhar sentimentos de amor de maneira fácil e orgânica. Exercícios de respiração podem ser bastante úteis, e muitas pessoas alegam ter alcançado ótimos resultados usando a Técnica de Liberação Emocional (EFT).[*]

---

[*] A sigla remete ao nome em inglês, *Emotional Free Techique*, técnica de acupuntura criada pelo engenheiro Gary Craig na década de 1990.

EXERCÍCIO:
ATIVIDADE PARA SE CONECTAR AO CHAKRA CARDÍACO

O estado natural do chakra cardíaco é estar aberto e relaxado. Todavia, como vivemos em um mundo acelerado, cheio de sarcasmo e comentários maldosos, pode ser difícil mantê-lo assim. Apesar disso, é sempre melhor deixar o coração aberto. Fechá-lo apenas interfere na nossa alegria e, possivelmente, na nossa saúde. Assim, tire um tempo para ponderar sobre o que faz você abrir o coração. Provavelmente serão coisas que inspiram sentimentos de amor e afeto no seu interior. Faça uma lista do que costuma causar esses sentimentos e comprometa-se a priorizar a abertura das portas do seu coração. Todos os dias, tente abri-lo um pouco mais. Se estiver com medo de se machucar, reconheça e entenda esse medo, mas também se pergunte se vale a pena viver a vida fugindo do amor e do afeto que tanto deseja dar e receber. O amor é digno do risco.

Lembre-se de que amar a si mesmo é tão importante quanto amar os outros. O seu chakra cardíaco funciona de modo mais saudável quando você está dando e recebendo amor e afeto. Isso pode ser percebido quando você marca uma massagem relaxante para si mesmo, mas também quando determina limites apropriados para resguardar seu tempo e sua energia.

Agora, faremos uma atividade cujo propósito é ativar a natureza infinita do seu chakra cardíaco. Encontre um local calmo e tranquilo onde possa deitar e não ser perturbado. Separe uns vinte minutos para esse processo.

Aquiete sua mente ao respirar profundamente e se concentrar na sensação do ar entrando e saindo pela sua boca. Mergulhe nesse ritmo e relaxe profundamente. Relembre a lista que fez anteriormente das coisas que suscitam um sentimento de amor no seu coração. Escolha uma delas e imagine que você está invocando essa emoção junto a energia do amor. Concentre-se nisso e sinta o sentimento de amor percorrer todo o seu corpo. Parecerá, simultaneamente, sentimento e energia.

Deixe essa energia pulsar a partir do centro do seu peito e repita a palavra "Amor" várias e várias vezes na sua mente, até sentir toda a emoção e energia desse sentimento. Leve essa pulsação para fora e deixe que seu corpo seja totalmente abraçado por ela. Respire e repita: "Amor".

A seguir, expanda essa energia como se ela fosse uma bolha que pudesse envolver seu corpo e transbordar em, pelo menos, um metro de diâmetro de todos os lados. Respire e sinta todo o amor que está dando a si mesmo.

Depois imagine sua cidade em um mapa. Respire bem fundo e repita a palavra "Amor" na sua mente enquanto solta o ar pelo máximo de tempo que conseguir. Em simultâneo, visualize sua bolha de amor se expandindo e cobrindo rapidamente toda a cidade; sinta como seu coração pulsa sobre ela.

Agora, visualize o planeta Terra! Sinta o amor que pulsa no seu coração. Veja como ele pulsa através do seu corpo, na área ao seu redor e pela cidade. Inspire o ar profundamente e, ao exalá-lo, deixe que sua bolha de amor infle rapidamente e aumente de forma instantânea, cobrindo todo o planeta. Deixe que o amor do seu coração envolva toda a Terra. Como você se sente? Esse movimento evoca ainda mais emoções em seu coração e corpo?

Esse amor pelo planeta é a própria essência da compaixão, a mais alta expressão do chakra cardíaco. Banhe-se nesse sentimento.

Quando se sentir pronto, volte à consciência. Sacuda os dedos das mãos e dos pés e olhe ao seu redor. Esfregue os braços e as pernas vigorosamente, bata palmas para ter certeza de que está totalmente presente. Não se esqueça de beber bastante água pelo resto do dia.

AFIRMAÇÃO POSITIVA DO CHAKRA CARDÍACO

"ABRO MEU CORAÇÃO PARA O AMOR IMENSO QUE EXISTE NA MINHA VIDA."

7

Vishuddha: O Chakra Laríngeo

MANUAL PRÁTICO DOS
CHAKRAS

O QUINTO CHAKRA DA NOSSA LISTA SE CHAMA *"vishuddha"*, ou seja, "purificação" em sânscrito. Ele está localizado na garganta e, no sistema ocidental de chakras, é caracterizado pela cor azul. Os hindus o descreviam originalmente como uma forma circular esbranquiçada, composta de dezesseis pétalas roxas e de um cinza esfumaçado. O cinza está associado ao elefante Airâvata, senhor de todos os animais herbívoros. Dentro dessa forma circular está estampado um triângulo azul com um círculo branco, que se refere à lua cheia. Por sua vez, a lua simboliza o éter invisível ou a energia etérica, conectada aos sonhos. Sendo assim, o chakra laríngeo também está ligado ao yoga dos sonhos ou ao sonhar de modo geral.

O chakra laríngeo, ou da garganta, está associado principalmente à fala, à comunicação e à expressão criativa. Sempre que ele está aberto e livre, somos capazes de deixar as coisas para lá, especialmente escolhas boas ou ruins do passado, além de conseguirmos expressar nossos pontos de vista de forma saudável. Aprendemos nossas lições e seguimos adiante; não nos prendemos a ansiedades do passado, do presente ou do futuro, pois ganhamos sabedoria com nossas experiências de vida. Assim, nosso discurso flui livremente, vivemos em um estado de desapego saudável, e esse desapego torna mais fácil experienciar poderosos sonhos espirituais. O "éter" associado a esse chakra é parecido com nosso corpo astral, e acredita-se que à noite essa energia etérica abandone o corpo para sonhar.

Por outro lado, sempre que o chakra laríngeo está bloqueado, o contrário acontece. Nosso poder de expressão é limitado, somos corroídos de culpa e vergonha sobre eventos do passado, temos medo do futuro e achamos difícil viver no presente. A raiz da palavra *vishudda* é composta de duas palavras: *visha* e *shuddhi*. *Visha* significa "veneno" e *shuddhi* significa "purificação". Dessa maneira, acredita-se que, quando esse chakra está fechado, ele envenena o corpo, o que resulta em envelhecimento e morte. Quando está aberto e livre, ele é visto como um agente purificador que pode contribuir com uma longevidade excepcional.

A maior influência desse chakra é a ressonância. Sempre que a energia da nossa garganta flui livremente, nos sentimos mais confiantes e compartilhamos nossa voz mais facilmente com o mundo ao redor.

O mantra desse chakra é "Ham". Pronuncia-se de forma mais arrastada, "rãmmm", semelhante a um grunhido. Se você sentir que seu chakra laríngeo está bloqueado, repetir esse mantra durante a meditação pode ajudar a purificá-lo. Outras formas de limpar a garganta incluem fazer "bananeira" (com a cabeça apoiada no chão), especialmente posições da yoga asanas, como a salamba sirsasana, o "rei das asanas".* Cantar também é uma atividade considerada bastante saudável para a garganta, seja durante uma meditação kirtan ou ao ouvir sua música favorita no rádio.

---

* A posição consiste em apoiar-se com os braços e cabeças no chão, erguendo o corpo para cima, e recebe a alcunha de "rei das asanas" devido aos inúmeros efeitos benéficos no corpo e na mente de seus praticantes.

Antes de mergulharmos na nossa primeira meditação do chakra laríngeo, vamos nos aprofundar um pouco no lado mais esotérico desse chakra: o yoga dos sonhos. Essa é uma parte bastante importante da prática do budismo tibetano, e é considerada um marco no caminho da transcendência que envolve ciclos infinitos de nascimento e morte. Muitas religiões orientais, aliás, acreditam que existimos dentro de um sonho elaborado, que apenas parece ser "real".

Acredita-se que trabalhar com sonhos é uma excelente maneira de perceber que, na verdade, nossa vida enquanto acordados também é nada além de sonhos. Isso pode ser realizado através de sonhos lúcidos ou quando se adquire a habilidade de acordar dentro do sonho, enquanto o corpo permanece adormecido. Uma vez que os sonhos lúcidos são induzidos por vontade própria, é perfeitamente possível dirigir o curso deles para benefício espiritual. Essa prática leva anos para ser dominada e é bastante complexa, mas os monges tibetanos acreditam que aprender a controlar os próprios sonhos é algo que prepara os seres humanos para a intensa onda de manifestações sensoriais e visuais que ocorre logo após a morte. Os monges budistas acreditam que somos atraídos para uma nova encarnação justamente por nos sentirmos hipnotizados por essas manifestações pós-morte. Desse modo, se formos capazes de transcender essas imagens ilusórias e oníricas, conseguiremos quebrar o ciclo eterno de morte e renascimento.

É no chakra laríngeo que reside o início da prática da yoga dos sonhos. Há múltiplas visualizações, mantras, práticas de respiração e de yoga, entre outras coisas, que se apoiam em um chakra laríngeo ativo e saudável para serem realizadas de maneira bem-sucedida. Esse é um aspecto fascinante do budismo que só agora está se tornando popular no Ocidente.

EXERCÍCIO:
MEDITAÇÃO PARA SE CONECTAR AO CHAKRA LARÍNGEO

Essa meditação melhora a conexão com os sentimentos e energias do seu chakra laríngeo. Encontre um local calmo e confortável para se sentar ou deitar, onde não irá se distrair ou ser perturbado. Respire fundo diversas vezes para se acalmar e foque sua atenção no atual momento, exatamente onde você está. Tome ciência de seu corpo, de suas roupas, da respiração e da forma como seu corpo se sente. Continue respirando lentamente, inalando e exalando o ar de forma compassada e suave. Preste atenção no ambiente em que está; note como você se sente nele, que sons e cheiros existem ali. Se já não estiver fazendo isso naturalmente, respire com um sorriso no rosto. Não precisa ser um sorriso largo e aberto; um sorriso sutil é mais fácil de manter e ajuda a colocar a mente no espaço certo para a meditação.

Imagine-se envolvido por uma bola de luz. Você deve puxar a luz na direção do seu corpo a cada inspirar e expandi-la a cada exalar. Faça esse exercício de respiração diversas vezes; contraia e expanda essa bola de luz. Isso o ajudará a sentir seu campo áurico, o campo natural de energia vital que circunda e penetra no corpo de cada ser vivo. Seus chakras fazem parte dele. Continue sorrindo enquanto faz o exercício.

Respire e foque sua atenção na energia ao redor da sua garganta. Só de prestar atenção nessa área você a sentirá vibrando ou latejando de energia. Novamente, ao inalar o ar, atraia a energia em volta da garganta para o centro dela e, ao exalar, expanda-a o máximo possível para fora. Continue realizando essa meditação respiratória até atingir uma sensação de felicidade na garganta, como se fosse capaz de gritar de alegria, ou até que se canse do exercício. Aliás, se a garganta lhe parecer cansada depois de um tempo, não se preocupe. Faça um intervalo e continue a prática em um outro dia, até que, eventualmente, você venha a sentir essa sensação feliz e empolgante. Continue sorrindo.

Quando você sentir uma sensação exuberante na garganta, o que pode parecer estranho até que tenha experimentado, é porque conseguiu purificar e aumentar a energia do seu chakra laríngeo. Parabéns! Agora só falta mais um passo para garantir que a energia de sua garganta permaneça equilibrada com o resto de seu campo áurico. Respire profundamente mais uma vez e concentre sua atenção na garganta, depois solte o ar e imagine essa energia localizada descendo pelo centro do seu corpo, até a barriga. Deixe-o ali. Continue esse exercício até que a energia da garganta pareça tranquila novamente. Siga sorrindo e, assim que se sentir pronto, alongue os braços e as pernas, movendo o corpo por alguns minutos para recuperar sua consciência.

A tireoide é a glândula endócrina associada ao chakra laríngeo. Está localizada na garganta, logo abaixo e nas laterais da caixa vocal. Os hormônios da tireoide têm diversas funções reguladoras no corpo. Na vida adulta, eles atuam no metabolismo e na temperatura corporal, enquanto na infância assumem um importante papel no desenvolvimento saudável do corpo. Infelizmente, o desequilíbrio da tireoide tem se tornado bastante comum no século XXI, especialmente em mulheres.

Devido à sua localização, o chakra laríngeo sempre foi associado à audição e aos ouvidos, além do discurso e da boca. Pelas razões simbólicas mencionadas, esse chakra também é ligado, de forma contraintuitiva, ao sonhar e ao corpo etérico. Outra interessante associação desse chakra é à qualidade de vida. *Vishuddha* tem aspectos tanto venenosos quanto purificadores; o que é indicado pelo próprio nome do chakra. Os primeiros escritos indianos sobre ele afirmam que o estado de saúde ou disfunção do chakra laríngeo estão diretamente ligados à qualidade de vida. Um chakra laríngeo bloqueado pode levar a existência de alguém à ruína, enquanto um chakra saudável potencializaria características de sucesso e liderança.

No sistema ocidental de crenças, o chakra da garganta é comumente associado à comunicação e à expressão emocional. Sempre que está desequilibrado, o discurso é empolado e a expressão emocional fica amortecida. O medo pode ser o fator preponderante nessas duas condições e, por isso, enfrentá-lo é sempre uma ótima maneira de abrir e limpar o caminho desse chakra.

EXERCÍCIO:
ATIVIDADE PARA SE CONECTAR AO CHAKRA LARÍNGEO

Façamos um exercício para ajudar na conexão com o chakra laríngeo. Nessa atividade, usaremos nossas vozes para purificar e abrir a energia da garganta. Encontre um local tranquilo para se sentar, onde não será incomodado, e respire profundamente diversas vezes, até relaxar. Foque sua atenção o máximo possível no momento. Sinta cada parte do seu corpo, seus braços, pernas, cabeça e pescoço. Siga o subir e descer do seu peito durante a respiração. Sinta a textura das roupas na sua pele, a cadeira, os travesseiros ou o chão onde está sentado. Note os sons, os cheiros, a temperatura e outros tipos de informações sensoriais ao seu redor. Continue respirando e se mantenha presente.

O som do mantra do chakra laríngeo é "Ham", e pronuncia-se "rãmm", como um pigarrear. Inspire profundamente, com bastante calma, e segure a respiração por um instante. Então, antes de soltar um pouco do ar lentamente, diga o mantra, deixando o som se arrastar pelo resto da exalação. Faça com que ele reverbere pela sua garganta. Acredita-se que esse som ajuda a ativar a energia do chakra laríngeo, pois ele purifica a energia estagnada, auxiliando-a a fluir mais forte e livremente.

Se você está recitando esse mantra pela primeira vez, pode ser que depois de um tempo sua garganta comece a doer. Isso pode ocorrer devido à combinação de músculos inflamados na garganta ou ao movimento de energia estagnada ali dentro.

Você não precisa continuar o mantra se estiver desconfortável; simplesmente pare e tente de novo em outro dia. Quanto mais praticar, mais forte sua energia se tornará.

Na verdade, qualquer tipo de canto ativará a energia da sua garganta. Se decidir cantar, escolha palavras de afirmação ou suas canções favoritas. Não importa em que língua isso seja feito; é o sentimento por trás das palavras que conta. Cante canções de esperança, amor, inspiração, alegria e felicidade, pois elas terão um efeito positivo em todo o seu campo energético e serão especialmente benéficas ao seu chakra laríngeo.

AFIRMAÇÃO POSITIVA DO CHAKRA LARÍNGEO

"EU ME EXPRESSO COM FACILIDADE E GRAÇA."

8

Ajna: O Chakra do Terceiro Olho

MANUAL PRÁTICO DOS

CHAKRAS

O PRÓXIMO CHAKRA É CHAMADO DE "*AJNA*", OU seja, "comando". Ele está localizado entre as sobrancelhas, acima dos olhos, próximo do topo da coluna. Na cultura ocidental, sua cor é representada como azul índigo. Na visão tradicional, o chakra *ajna* é branco e tem duas pétalas, uma de cada lado, que simbolizam um par de *nadis* percorrendo cada lado do corpo e se conectando ao *ajna*. Acredita-se que terminam na região das narinas.

A palavra *ajna* significa tanto autodomínio, alcançado pela superação da ilusão de dualidade, quanto uma profunda rendição ao comando ou tutela de um guru. Em última instância, o seu "eu" liberado é o verdadeiro guru, mas, até que isso ocorra, o guru é o seu desapegado professor espiritual.

Sempre que o chakra *ajna* é ativado, acredita-se que ele coincide com um ponto do desenvolvimento espiritual de alguém cuja dualidade já foi superada. Sendo assim, *ajna* rege o despertar espiritual. Sua palavra-chave é "iluminação". O apego ao mundo ao nosso redor esvanece, logo um estado unificado de mente surge. Na visão hindu tradicional, sempre que o terceiro olho está acordado é possível atravessar rapidamente os karmas do passado, desassociando-se dos sofrimentos ilusórios do mundo e encontrando a verdadeira paz interior. Assim, enquanto o chakra laríngeo equilibrado indica o alcance de um alto nível de purificação, o chakra do terceiro olho indica transcendência.

Se o chakra do terceiro olho estiver completamente ativado, habilidades mediúnicas, ou *siddhis*, podem despertar. Esses poderes não vêm da mente, uma vez que os chakras não se correlacionam ao corpo físico. Em vez disso, imagine-os como partes de um dínamo espiritual; dessa forma, quando conectados, eles trariam uma transformação energética de consciência. No processo do despertar espiritual, o corpo também se transforma em um todo. Muitas pessoas desejam desenvolver habilidades mediúnicas, mas esse fenômeno é totalmente natural. Como discutido no livro *The Way of the Psychic Heart* ["O Caminho do Coração Mediúnico"], de Chad Mercree, todos nós nascemos com esses talentos; ativá-los é questão de prática. Todavia, quando o chakra *ajna* acorda de forma espontânea, essas habilidades psíquicas surgem todas de uma só vez. A experiência pode ser avassaladora; por isso, na visão tradicional, depois de passar do chakra do terceiro olho e chegar até o chakra coronário, é preciso superar todas as ligações com os *siddhis*. As habilidades mediúnicas podem ter um efeito poderoso sobre nossas experiências de vida, portanto, deixar de lado esses dons, que podem até mesmo parecer oniscientes, é uma tarefa difícil.

A luz é a força motriz do chakra do terceiro olho, que corresponde tanto à luz do sol quanto à luz da consciência e da iluminação espiritual.

EXERCÍCIO:
MEDITAÇÃO PARA SE CONECTAR AO CHAKRA DO TERCEIRO OLHO

Através da seguinte meditação, você conhecerá seu chakra do terceiro olho. Como sempre, encontre um local confortável para meditar. Para essa meditação, não importa se você está sentado em uma cadeira ou no chão, se está em pé ou deitado. Respire profundamente diversas vezes para se sentir centrado. Então respire profundamente através do coração.* Ao inspirar, imagine que sua respiração está puxando seu coração, preenchendo-o. Depois exale lentamente e deixe que essa respiração presente no seu coração se expanda por todo o corpo. Repita esse exercício várias vezes, até sentir um profundo nível de paz e relaxamento.

Agora que você está relaxado e centrado, preste atenção nos seus olhos. No próximo inspirar, imagine que o ar está preenchendo o espaço entre seus olhos. Sinta a energia da respiração ocupando esse espaço de luz. Segure o fôlego por um instante antes de soltar o ar. No momento de exalar, sinta a energia do terceiro olho se expandindo para fora. Repita esse exercício várias vezes.

---

* Trata-se de uma prática milenar em que o centro da consciência se transfere da mente para o coração. Essa meditação compreende seis estágios, que são coordenados pela música, e foi amplamente difundida por Osho.

O som do mantra usado para o chakra do terceiro olho é "Aum" ou "Om". Na próxima vez em que for exalar, cante o mantra, entoando cada som por inteiro: Aaaaa-uuuu-mmmm. Repita o mantra e exale o ar bem devagar. Faça quantas vezes achar necessário. Você consegue sentir a energia do chakra do terceiro olho se movimentando?

Essa técnica de respiração ensina as pessoas a sentirem a energia se mover dentro de cada chakra. Há energia na respiração e ela pode ser movimentada, assim como o *chi*, onde quer que você se concentre. Nesse caso, estamos depositando a energia no chakra do terceiro olho. Inicialmente, após algumas respirações, essa área pode se tornar meio sensível. Se isso acontecer, pare e volte a praticar o exercício em outro dia.

No sistema ocidental, o chakra do terceiro olho está associado à glândula pineal e à glândula pituitária. Esta última é uma glândula "mestra", que regula diversas funções hormonais no corpo quando envia sinais às outras glândulas para que sejam produzidos hormônios. Sem a pituitária, a tireoide, as suprarrenais e os ovários não funcionam como deveriam. Ela também é responsável por liberar hormônios de crescimento durante toda a vida, regulando tudo, desde o crescimento muscular até a densidade óssea. A pituitária também regula o equilíbrio de água no corpo e a produção de leite em mulheres que estejam amamentando.

A glândula pineal, por sua vez, controla os padrões de sono e alguns hormônios sexuais. Em determinadas espécies de animais primitivos, essa glândula é um tipo de órgão vestigial.

Essas associações glandulares não estavam presentes nos primeiros ensinamentos tântricos, mas evoluíram ao longo do tempo. Elas são bastante populares nos sistemas ocidentais e representam uma das coisas mais empolgantes no trabalho com os chakras. Nosso entendimento do que são e de como eles funcionam tem evoluído ao longo dos séculos, uma vez que pessoas do mundo todo continuam a investigá-los. Enquanto o sistema tântrico conectou, simbolicamente, os chakras a diferentes cores e formatos, a vários símbolos sânscritos, a deidades e sons, na cultura ocidental tais associações estão mais ligadas a partes do corpo, cores do arco-íris, elementos da natureza, sons, símbolos astrológicos e até mesmo à mitologia da cabala.

EXERCÍCIO:
ATIVIDADE PARA SE CONECTAR AO CHAKRA DO TERCEIRO OLHO

Este exercício o ajudará a se conectar com o chakra do terceiro olho. Comece, como sempre, encontrando um local confortável para praticar, respirando profundamente por algumas vezes, relaxando e se concentrando. Preste atenção no seu corpo, nos seus braços e pernas, na cabeça e nos ombros. Respire através de cada parte do seu corpo e procure relaxar a cada exalação.

Foque-se no seu chakra do terceiro olho. Respire através dele algumas vezes até sentir a energia se mover. Quando isso acontecer, você sentirá um formigamento ou vibração entre as sobrancelhas, então seus pensamentos se aquietarão e você se sentirá presente de forma excepcional. Deixe essa sensação crescer até parecer quase insuportável.

Em seguida, forme uma intenção sobre algo que deseja que aconteça. Enuncie o desejo para si mesmo ou em voz alta. Somos capazes de criar nossa realidade através de cada pensamento, palavra e ato. O chakra do terceiro olho representa, ao entrar em sintonia com nossa sabedoria divina interna ou intuição, aquela parte de nós mesmos que manifesta nossas intenções. Ao ativarmos seu poder, ele nos ajudará a desenvolver uma conexão ativa e poderosa com nossas habilidades intuitivas. Pergunte-se quais são os próximos passos para conquistar o que deseja. Enxergue os três passos que precisa tomar para alcançar seus objetivos. Anote-os e faça questão de segui-los, um por um. Uma vez que tenha feito isso, repita esse exercício até que sua meta tenha sido realizada.

Você pode fazer um exercício parecido com suas memórias. Repita os dois primeiros parágrafos dessa atividade e depois tente recordar algo que tenha esquecido sobre seu passado. Pergunte-se sobre esse período ou evento específico e então deixe que a energia do chakra do terceiro olho o ajude a relembrar detalhes dessas situações.

Na prática tântrica tradicional, os chakras são ativados, um de cada vez, desde o chakra raiz ao chakra coronário. Conforme cada um deles é ativado, mudanças espontâneas de personalidade, físicas, emocionais, mentais e espirituais ocorrem no caminho à iluminação. No que diz respeito ao chakra do terceiro olho, esse desencadeamento de habilidades mediúnicas seria um verdadeiro indicativo de sua ativação. Ele já foi descrito como uma união de forças opositoras, em que o prazer e o desapego vivem em perfeita harmonia. Essa união pavimenta o caminho para a expressão do chakra coronário, a expressão definitiva da energia vital e da consciência da Yoga Kundalini.

AFIRMAÇÃO POSITIVA DO CHAKRA DO TERCEIRO OLHO

"MINHA INTUIÇÃO GUIA MEU CAMINHO RUMO AO BEM MAIOR."

9

Sahasrara: O Chakra Coronário

MANUAL PRÁTICO DOS
CHAKRAS

O CHAKRA CORONÁRIO, OU DA COROA, É O último e sétimo centro energético presente na maioria dos sistemas tradicionais de chakras. Em sânscrito, *"sahasrara"* significa "mil pétalas", uma referência à infinidade de pétalas visualizadas nesse chakra no sistema tradicional. Os budistas tibetanos o imaginam com 32 pétalas, mas isso pode variar de acordo com a tradição. No sistema ocidental contemporâneo, ele é descrito na cor branca ou violeta. O chakra coronário está localizado no topo da cabeça, exatamente onde fica a fontanela, a "moleira" dos bebês. Enquanto as pétalas de luz dos outros chakras apontam para cima, as do chakra coronário apontam para baixo.

Quando está no auge, esse chakra representa a iluminação, a consciência plena e a habilidade de escapar dos ciclos infinitos de nascimento e morte, pelo qual a maioria de nós passa. Entretanto, para nós, meros mortais, o chakra coronário também está conectado à inspiração e à criatividade, de forma similar ao chakra do terceiro olho.

A consciência do chakra coronário está além de toda dualidade, de todas as coisas temporais e terrenas, como amor, sucesso, e assim por diante. Uma pessoa que possui esse chakra ativado pode ser descrita literalmente como iluminada. Esse alguém é capaz de viver a vida plenamente em todos os momentos, sem desejar nada além do que pode ter e aproveitando cada instante e experiência que o viver fornece. É um estado de consciência estranho para a maioria de nós, mas muitas tradições orientais consideram ser este o objetivo da experiência humana, acreditando na possibilidade de conquistá-lo através de uma única vida.

Um chakra coronário fora de equilíbrio pode levar à insanidade, ao complexo de Deus que, infelizmente, acomete um alto número de gurus. As drogas são um imenso entrave para o desenvolvimento de chakras e à expressão saudável da energia vital kundalini. Parte disso ocorre porque as drogas alteram o campo energético. Elas podem abrir à força o chakra do terceiro olho e fazer um indivíduo despreparado experienciar fenômenos psíquicos de forma pouco saudável, além de possivelmente alterar a expressão do chakra coronário. Isso faz com que as pessoas se sintam divindades quando, na verdade, são tudo menos isso.

Se ativada da maneira certa, a iluminação é a principal força-chave do chakra coronário. É sua essência que nos conecta ao divino, à totalidade do cosmos. Melhor ainda, seu despertar nos permite relembrar todas as conexões que partilhamos durante toda a nossa existência.

Não há som ou mantra associado ao chakra coronário. Ele está além de qualquer forma de expressão e representa, de certo modo, o vazio entre todas as coisas, a pausa entre o inspirar e o exalar da criação. Aquele pequeno instante que perdura entre as coisas é quando o chakra coronário se conecta ao Tudo, dentre espaços presentes em cada coisa e manifestação de vida.

EXERCÍCIO:
MEDITAÇÃO PARA SE CONECTAR AO CHAKRA CORONÁRIO

Encontre um local confortável para se sentar ou deitar e relaxe. Respire fundo e lentamente diversas vezes e, a cada exalar, relaxe o corpo cada vez mais. Sinta seu corpo, mãos e pés, braços e pernas, pescoço e cabeça. Continue respirando. Comece pelo chakra raiz, dedique uma respiração profunda para cada chakra, segure o ar por alguns segundos e depois solte-o lentamente. Conforme segue o caminho pelos outros chakras, sinta-os todos conectados, todas essas diferentes partes se tornando um só campo energético. Vá percorrendo-os até chegar ao chakra coronário. Sinta essa energia se avivar através da sua respiração. Ela aumentará e fluirá mais livremente com cada nova conexão. Sinta a energia do seu coração cobri-lo de amor. Vá até o chakra laríngeo e o chakra do terceiro olho, então sinta a paz ao lado do amor. Respire mais algumas vezes e se conecte ao chakra coronário.

Sinta a consciência expandida da sua energia coronária se fundir a uma sensação de serenidade cheia de amor. É uma bela experiência, um toque sutil do seu futuro "eu" iluminado. Contudo, se em algum momento você sentir dor de cabeça ou pressão excessiva na cabeça, apenas inspire toda a energia que você reuniu de volta ao chakra raiz e deixe o exercício para depois. Ao longo do tempo, você será capaz de sustentar a energia do chakra coronário por maiores períodos de tempo.

Caso não sinta qualquer desconforto, desfrute da sensação extraordinária de êxtase que envolve a abertura do chakra coronário. É uma combinação única de tranquilidade, bondade e prazer, tudo ao mesmo tempo. Ao terminar, deixe toda a energia do seu chakra retornar aos seus devidos lugares a cada exalar de respiração. Se ela estiver fluindo como deve, você não precisa saber exatamente para onde vai; ela irá para o lugar certo por conta própria.

De acordo com a maioria dos praticantes contemporâneos, cada um dos chakras listados corresponde a uma glândula do sistema endócrino. No entanto, esse não é o caso do chakra coronário. Ele não só é associado a todo o sistema endócrino, como também especificamente às glândulas pineal e pituitária e à região do hipotálamo no cérebro. A doutrina yóguica tradicional de Swami Ranganathananda (1908-2005) mostra uma visão distinta do chakra coronário. Segundo ele, os yogis dizem que existe um nervo sutil que atravessa o topo da cabeça e é conhecido como *Susumna*, e fica localizado bem no centro da coluna. Acredita-se que, sempre que a energia vital de um yogi passa pela *susumna* e entra nessa abertura na fontanela — conhecida como *brahmarandhra* ou 'a abertura que leva a Brahman' —, ele não renascerá no mundo terreno, mas chegará, progressivamente, à *brahmaloka*, o mundo da mente cósmica. O caminho atravessado é conhecido como "caminho do Norte" ou "caminho da luz". O nervo sutil é parte do campo energético humano e não pode ser conectado a nenhuma glândula específica do corpo.

Todos aqueles que estudam o chakra coronário precisam estar cientes de sua instabilidade no início da prática espiritual. É possível abri-lo demais e depois não saber como fechá-lo. Isso pode levar à fotossensibilidade e hiperacusia, dores de cabeça e outros sintomas físicos. É melhor trabalhar sempre na presença de um guia ou de um professor qualificado para evitar experiências desagradáveis. Sendo assim, a atividade proposta a seguir o ajudará a se conectar ao espírito do chakra coronário de forma indireta, através de uma participação ativa em serviço à humanidade.

EXERCÍCIO:
ATIVIDADE PARA SE CONECTAR AO CHAKRA CORONÁRIO

Parte do que o chakra coronário representa é que se tornar iluminado significa transcender as preocupações mundanas, especialmente aquelas ligadas ao "eu". Em um mundo ideal, nunca teríamos um guru espiritual iluminado que se importasse com fama e fortuna, acumulação de bens materiais ou com domínio e poder sobre multidões de fãs e seguidores. Para alguém verdadeiramente iluminado, nada disso importaria. No entanto, é comum que pessoas iluminadas exibam traços de preocupação e compaixão profunda pelo sofrimento de seus semelhantes, assim como por todas as outras formas de vida. A conquista da consciência universal, como simbolizada pelo chakra coronário, está sempre ligada a um ser compassivo e solidário. Diversos sistemas de crenças ao redor do mundo visualizam o chakra coronário de forma distinta, que vai desde uma bola, passando por uma coroa multipetalada, até uma roda cônica de luz branca. Como sempre, não há um consenso sobre os detalhes e a simbologia de cada chakra, embora haja um entendimento sobre suas funções e características.

Uma excelente maneira de expressar as características de um chakra coronário ativado é diante do sofrimento da humanidade. Lembre-se: tornar-se um ser espiritualmente desperto tem seus perigos, inclusive a tentação de alimentar a necessidade egóica de autoengrandecimento. No caminho da iluminação, essas mesquinharias devem ficar para trás.

Afinal, somos todos tolos de um jeito ou de outro, mas isso ocorre justamente por termos um apego muito doentio aos nossos egos. O ego só se preocupa com nossa aparência, nossa renda, nossos contatos, nossa posição na cadeia social e outras coisas banais e irrelevantes. Se trouxer esse comportamento consigo em uma jornada espiritual, você certamente fracassará. Dessa forma, concentre-se em servir outras pessoas. Suas necessidades podem esperar; cuide primeiro daqueles próximos a você, depois busque outras pessoas. Como no chakra cardíaco, cultive amor e bondade, assim sua iluminação durará eternamente. Paradoxalmente, a ativação do chakra coronário traz consigo uma dor profunda devido ao sofrimento da humanidade, portanto, fazer o possível para ajudar os necessitados contribui para amenizar toda essa tristeza.

AFIRMAÇÃO POSITIVA DO CHAKRA CORONÁRIO

"EU ME CONECTO FACILMENTE À FORÇA VITAL DO UNIVERSO."

10
Outros Chakras

MANUAL PRÁTICO DOS
CHAKRAS

MUITOS DAQUELES QUE SE INTERESSAM POR chakras ou cura energética já ouviram falar dos sete chakras que percorrem o corpo humano, desde a base da coluna até o topo da cabeça. Por isso, é bastante surpreendente aprender que muitas tradições descrevem diversos outros chakras presentes pelo corpo. Alguns estariam localizados entre os sete chakras tradicionais, enquanto outros estariam por todo o corpo. A seguir, investigaremos os mais conhecidos entre esses "outros" chakras, que podemos usar para nos sentirmos mais centrados, para melhorar nossa prática de cura e contribuir com um melhor conhecimento de nossos potenciais espirituais.

Um dos chakras adicionais mais populares é chamado de "chakra da Terra". Esse nome é encontrado em diversos materiais contemporâneos e, segundo suas descrições, está localizado a 20 cm abaixo de nossos pés. Uma vez que o campo energético humano se estende em todas as direções ao nosso redor, ele também penetra o subterrâneo enquanto caminhamos sobre o planeta. As pessoas usam o "chakra da Terra" para se conectarem profundamente com o centro do planeta, a fim de potencializar o aterramento, sentindo-se centradas e presentes e para desenvolver o trabalho xamânico.

"Assim na Terra como no Céu". Além do chakra coronário, muitas tradições enxergam outros tipos de chakras se estendendo acima da coroa, e o número deles varia de acordo com a crença, mas costuma variar entre cinco e sete, ainda que possa chegar até treze. Muitos grupos esotéricos modernos atribuem características angélicas ou arcangélicas a esses chakras adicionais, porém, nos sistemas hindus, tibetanos e taoístas, eles são vistos como meras extensões do campo energético humano. Com a prática avançada de yoga, alunos que reúnem energia suficiente no corpo, ou que tenham se aberto e purificado seus chakras menos desenvolvidos, são capazes de experimentar características específicas desses outros chakras.

Enquanto chakras saudáveis e totalmente ativados podem ser associados a diversas habilidades psíquicas, acredita-se que, quando o próximo reino de chakras acima do corpo espiritual é estimulado, um estado ainda mais rarefeito de existência espiritual é ativado. O começo do acesso a esses chakras mais avançados é bastante prazeroso e reconfortante, e, ainda que habilidades mediúnicas possam ser alcançadas, às vezes de forma espontânea, o desapego espiritual é o ponto mais elevado de todos, motivo pelo qual as pessoas não se interessam em explorar outras experiências. A ironia é que muitos espiritualistas entram nesse meio esperando alcançar a bem-aventurança espiritual e a iluminação máxima com seus poderes míticos, contudo, quanto mais nos aproximamos da iluminação, menos nos importamos com esses detalhes.

Quando esses chakras mais elevados são despertados, experimentamos uma sensação inconfundível de completo centramento, como se estivéssemos inteiramente presentes em nossos corpos pela primeira vez. Questões que antes nos preocupavam já não importam mais, tudo parece certo e justo no mundo, independentemente da escuridão diante de nós. É mais fácil expressar as qualidades positivas dos chakras menos elevados. Há uma doçura na vida que não existia antes, de modo que ajudar outras pessoas e ser compassivo se

AFIRMAÇÃO POSITIVA DE CHAKRAS ADICIONAIS

"TODOS OS MEUS CHAKRAS ESTÃO
IMPREGNADOS DE LUZ E SAÚDE."

MANUAL PRÁTICO DOS

CHAKRAS

QUIZ:
TESTE PARA OTIMIZAR SEUS CHAKRAS E SUA VIDA

Muito dos nossos dias é influenciado pelo fluxo saudável de nossos chakras. Quanto mais abertos e dinâmicos eles forem, mais coisas boas fluirão até você. Neste capítulo, você aprenderá sobre como os chakras podem afetar diversas partes da vida e como esses centros energéticos podem ser otimizados. Faça o teste, veja quantas perguntas você responde "sim" e então faça os exercícios correspondentes para aprender como reequilibrar essas áreas da sua vida. Você pode refazer esse quiz quantas vezes quiser, sempre que precisar afinar algum chakra que precise ser otimizado.

1. Você se sente superestimulado e tenso em ambientes com multidões, barulhos altos e luzes brilhantes?

Se a resposta for sim, talvez você precise selar seu espaço. Vá para o Exercício 1, presente neste capítulo, e descubra como fazer isso.

2. Você sente tanta empatia pelos sentimentos de outras pessoas que chega ao ponto de se desgastar emocionalmente?

Se sim, talvez você precise se desconectar durante a noite. Consulte o Exercício 2 e descubra como fazer isso.

3. Você se sente confuso, com dor de cabeça, irritável ou aéreo?

Em caso positivo, talvez você precise defumar o chakra do terceiro olho. Vá até o Exercício 3 e saiba como fazer isso.

4. Quando você fala para um grupo, as pessoas não o escutam ou lhe pedem que fale mais alto?

Se a resposta for sim, talvez você precise aprender a projetar sua voz. No Exercício 4, você aprenderá a fazer isso.

5. Você sente que o curso da vida não o atinge como deveria? Tem a impressão de estar sempre em outro lugar?

Se você respondeu "sim", talvez precise renovar a vitalidade do seu chakra raiz. Aprenda a fazer isso no Exercício 5.

6. Você sofre de pesadelos ou tem o sono agitado?

Se for seu caso, talvez seja preciso aprender a selar seu campo áurico à noite através da intenção e por meio da criação de um espaço sagrado no seu quarto. Aprenda mais sobre isso no Exercício 6.

7. Você acha difícil se focar em uma só
tarefa por longos períodos de tempo?
Não consegue se concentrar?

Se a resposta for sim, acesse o Exercício 7 para aprender a cultivar uma atenção prolongada.

8. Você costuma esbarrar nas coisas,
tropeça nos próprios pés e sente que é
uma pessoa desengonçada?

Em caso positivo, talvez você deva aumentar a consciência de seu espaço pessoal. Vá até o Exercício 8 e aprenda mais sobre isso.

9. Você se sente isolado do mundo?
Sente-se sozinho ou acha difícil
confiar nas pessoas?

Se sim, vá até o Exercício 9 e descubra como cultivar amor e confiança.

10. Você se sente facilmente atingido por
críticas e opiniões alheias? Você se sente
uma pessoa inexperiente?

Se a resposta for sim, aprender a desenvolver as emoções de forma positiva pode ser muito benéfico. Leia sobre isso no Exercício 10.

EXERCÍCIO 1:
SELE SEU ESPAÇO

Você se sente superestimulado e tenso em ambientes com multidões, barulhos altos e luzes brilhantes?

Se você respondeu sim, talvez precise selar seu espaço. Às vezes, tanto os chakras quanto o sistema energético estão abertos demais, e assim a vida pode parecer sufocante. Caso você tenha mais sensibilidade à luz, a sons ou sinta mais tensão em meio a multidões, seu chakra coronário pode estar aberto demais ou super estimulado. Sempre que estiver se sentindo assim, você pode recitar a passagem a seguir. Você também pode recitá-la de forma preventiva antes de adentrar um local lotado ou uma área barulhenta, como um aeroporto, um show, um shopping center ou onde houver evento esportivo.

Esse também é um excelente ritual pré-sono. Às vezes estamos muito abertos e precisamos de um sono restaurador, mas essa abertura pode ser distrativa e distorcer o processo através das emoções inconscientes que surgem nos nossos sonhos.

Recite as seguintes palavras em voz alta ou para si mesmo, em silêncio.

"Eu selo e protejo todas as fendas, portais, passagens e aberturas nos meus corpos físicos e energéticos presentes em todas as dimensões, interdimensões e realidades alternativas. Faço isso pelo meu bem maior e pelo bem maior de todas as vidas de todos os tempos. Sou dono do meu espaço, portanto, somente a luz pode entrar. Que assim seja."

EXERCÍCIO 2:
DESCONECTE-SE DURANTE A NOITE

Você sente tanta empatia pelos sentimentos de outras pessoas que chega ao ponto de se desgastar emocionalmente?

Se você respondeu sim a essa pergunta, pode ser o caso de precisar aprender a se desconectar durante a noite. Somos todos seres empáticos e todos temos a habilidade de sentir aquilo que os outros estão sentindo. Algumas pessoas costumam estar verdadeiramente sintonizadas com essa habilidade, enquanto outras não.

Alguns de nós são empáticos demais e acabam sofrendo. Nossos corações estão escancarados, o que é ótimo, mas os limites podem parecer confusos, e o sofrimento é um resultado direto disso. Uma forma fácil de manter isso sob controle e minimizado é através da desconexão noturna. Essa técnica funciona com todos os chakras, especialmente o cardíaco, que é onde os nossos limites são mais testados. Ao usarmos a técnica seguinte, conquistamos um espaço energético para compartilhar da compaixão verdadeira e nos livrarmos da codependência.

Essa é uma técnica extremamente simples. No fim do dia, você deve simplesmente limpar o coração de todas as conexões desnecessárias que estejam dominando sua energia. Diga as palavras presentes na passagem seguinte em voz alta todas as noites antes de dormir. Você deve sussurrá-las ou dizê-las internamente; os dois modos funcionam maravilhosamente bem. Para se lembrar, guarde um pedaço de papel com essas palavras perto da sua cama e leia-as sempre que precisar.

"Desconecto-me em todas as dimensões, em todas as inter--dimensões e em todas as realidades alternativas de todos com quem estou conectada de forma prejudicial. Faço isso pelo meu bem maior."

EXERCÍCIO 3:
DEFUME O CHAKRA DO TERCEIRO OLHO

Você se sente confuso, com dor de cabeça, irritável ou aéreo?

Se você respondeu que sim, talvez seja necessário defumar seu terceiro olho. Às vezes, o chakra do terceiro olho se encobre com um véu acinzentado. É como uma janela que precisa ser lavada. Isso pode ocorrer, por exemplo, caso você tenha assistido a algum conteúdo assustador, deprimente ou violento. Também pode acontecer se tiver passado tempo com pessoas de baixa vibração. Isso também ocorre quando há uso ou proximidade de drogas alucinógenas.

Para limpar seu terceiro olho, você pode fazer uma defumação com música. Pode ser utilizada sálvia e lavanda para limpá-lo e acalmá-lo. Junte todos os suprimentos que precisar e deixe-os à mão. Alguns deles podem ser: sinos de yoga ou de meditação, sinos de vento, gongos, tigelas tibetanas, chocalhos ou instrumentos musicais relaxantes. Você também pode utilizar um pouco de óleo essencial de lavanda, esfregando nas têmporas ou na testa. Outra opção são incensos de sálvia, lavanda ou cedro. Acenda-os e passe em movimentos ondulantes na frente da sua testa, ao redor de toda a aura que envolve seu corpo.

Sente-se, mantenha-se relaxado e use os instrumentos para criar um som claro e suave que vibre na frente da sua testa. Se não tiver nenhum desses instrumentos, use sua voz. Entoe os mantras "Om" ou "Aum" em sons agudos e longos, sustentando essas notas pelo máximo de tempo que puder. Ao fazer isso, utilize ambas as mãos e "abane" a energia do som na direção do seu rosto e da sua testa. Repita os sons e a defumação sempre que necessário, sem esquecer de sair para dar uma volta ao ar livre. Beba bastante água.

EXERCÍCIO 4:
PROJETE SUA VERDADEIRA VOZ

Quando você fala para um grupo, as pessoas não o escutam ou lhe pedem que fale mais alto?

Se for seu caso, então você precisa aprender a projetar sua verdadeira voz.

Às vezes, o fato de as pessoas ouvirem-no tem menos a ver com a altura de sua voz e mais com a forma como você projeta sua verdadeira voz. Imagine que a energia da sua mente e do seu coração esteja fluindo para fora da sua boca. Essa é a essência energética da fala. O seu chakra laríngeo é o chakra que projetará sua mensagem de forma alta e clara.

Algumas coisas precisam acontecer para que sua mensagem seja ouvida:

1. Ela deve ser congruente com suas crenças e valores. Essa é a energia do chakra cardíaco que flui até o chakra laríngeo.

2. Você precisa se sentir confiante sobre a mensagem (ou fingir que se sente até se sentir de verdade). Isso é a energia que flui do chakra do plexo solar.

3. Sua mente deve estar alinhada com o seu chakra da garganta para conseguir expressá-la. Isso não significa que você sabe de antemão o que vai dizer, mas sim que, graças à energia, sua mente está preparada para isso.

Pode parecer difícil ter todas essas coisas em ordem, mas você pode fazer um simples exercício para alinhar tudo e aprender a projetar sua voz. Levante-se, estique as mãos sobre a cabeça e se alongue. Então diga em voz alta: "Estou alinhado com todos os meus chakras a fim de projetar minha verdadeira voz e transmitir minha mensagem com ressonância, presença e jubilosa autoridade pelo bem maior. Que assim seja". Abaixe os braços, jogue os ombros para trás e ponha a boca no trombone!

EXERCÍCIO 5:
RENOVE A VITALIDADE DO CHAKRA RAIZ

Você sente que o curso da vida não o atinge como deveria? Tem a impressão de estar sempre em outro lugar?

Se respondeu "sim", então você precisa renovar a vitalidade do seu chakra raiz. Quando você sente que não está presente na própria vida, pode ser porque existe uma desassociação energética. Talvez, parte do seu ser não esteja ocupando inteiramente o seu corpo energético. Isso pode ocorrer por algumas razões:

1. Algum trauma, mesmo que pequeno, como ter se assustado com um barulho ou discutido com um amigo.

2. Tédio e apatia. É sua tarefa viver uma vida envolvente, significativa e alegre. Se não o fizer, você acabará perdendo seu senso de propósito.

3. Insatisfação com a vida ou com a estrutura da sociedade.

Vivemos em um mundo complexo, cuja dualidade pode ser desafiadora. Levando em consideração os desafios que enfrentamos, é preciso sempre nos esforçarmos para sermos positivos. Às vezes pode ser fácil, outras vezes não. Comprometer-se a ser alegre todos os dias é a coisa mais saudável que você pode fazer por seu corpo, sua mente e seu espírito.

Você pode fazer o seguinte exercício para reiniciar a energia do seu corpo, especialmente do chakra raiz, onde tudo tem início. Bata os pés. Em seguida, esfregue vigorosamente as extremidades e o resto do seu corpo, repetindo sem parar: "Estou aqui. Estou presente no meu corpo. Eu sou (nome). Eu sou alegria". Dê atenção especial às pernas e aos pés, esfregando-os energicamente ao longo do processo, e continue fazendo o exercício até se sentir totalmente presente.

EXERCÍCIO 6:
CULTIVE UM
ESPAÇO SAGRADO

**Você sofre de pesadelos
ou tem o sono agitado?**

Os distúrbios de sono afetam muitas pessoas. De uma perspectiva espiritual, sempre que dormimos, nossos campos energéticos se afrouxam, relaxam e se tornam muito mais abertos do que durante nosso período de vigília. Há diversos motivos para isso, porém o mais importante é saber que é possível desfrutar de noites de sono tranquilas e restauradoras em todas as noites. O segredo para isso é ter a intenção de permanecer no quarto durante o sono. Afinal, somos mais que nosso corpo físico e, às vezes, durante um sono agitado, o corpo energético se afasta do corpo físico. Isso permite um processamento mais aprofundado de nossas experiências, mas para algumas pessoas pode ser algo intenso demais.

Uma maneira eficaz de evitar essa experiência é criar um lugar seguro. Primeiro, transforme seu quarto em um espaço sagrado. Todas as noites, enquanto se prepara para dormir, acenda uma vela em um local próximo da sua cama e diga em voz alta: "Amo este espaço. Meu quarto é meu templo. Sinto-me tão relaxado e confortável aqui! É um espaço seguro". Dizer essas palavras em voz alta treina seu cérebro a acreditar plenamente nelas. É justamente a crença que torna isso verdade. Na realidade, todo o universo é sagrado; esse mantra apenas ajuda a entender, ao nível da alma, que seu quarto faz parte dessa sacralidade. Ao deitar-se na cama, apague a vela e sinta-se grato pelo espaço que você criou.

Depois, quando as luzes estiverem apagadas e você estiver quase adormecendo, coloque uma das mãos sobre o coração e outra sobre o umbigo. Inale lenta e profundamente, enquanto visualiza uma luz branca preenchendo o seu tronco, exatamente como o ar que está respirando. Segure a respiração por um momento e sinta a luz branca brilhando dentro de você. Então exale e sinta o corpo assumir a forma de uma poça de água; amorfo, completamente relaxado e livre. Repita esse exercício até dormir. Banhar-se em luz branca em um espaço sagrado não só é um exercício muito relaxante como também pode ser uma ótima cura para o corpo e o espírito.

EXERCÍCIO 7:
CULTIVE FOCO

**Você acha difícil se focar em uma só
tarefa por longos períodos de tempo?
Não consegue se concentrar?**

A falta de foco costuma caminhar ao lado de uma mente hiperativa. Atividade mental em excesso pode causar tensão no corpo e dispersar a energia do terceiro olho. Quanto mais inquieto um corpo é, mais difícil se torna a concentração.

Se a falta de foco for um problema, tire um intervalo de cinco minutos do trabalho e faça um exercício para reduzir a atividade mental. Você pode fazer um exercício respiratório, sair para dar uma volta, ouvir música relaxante. Qualquer coisa calma irá ajudá-lo. Faça isso com regularidade a fim de desligar o apego da mente ao corpo.

O segundo exercício é praticar a concentração. Encontre um objeto ou uma imagem para olhar fixamente. Evite usar palavras, já que elas estimulam a mente. Comece por encarar um objeto ou uma imagem por dez segundos, sem perder o foco. Isso pode ser muito difícil para algumas pessoas; se for capaz de se concentrar por trinta minutos sem perder o foco, você é, sem dúvidas, um indivíduo raro. A combinação desses exercícios — desligar o apego da mente ao corpo e o treinamento da mente para se focar em uma coisa de cada vez — cura a mente dispersa, que é algo bastante comum na vida moderna.

EXERCÍCIO 8:
AUMENTE A PRESENÇA

**Você costuma esbarrar nas coisas,
tropeçar nos próprios pés e sentir que
é uma pessoa desengonçada?**

Quando nosso corpo e espírito estão desconectados, sentimos que não estamos presentes em nossas vidas. O fato de você estar vivo hoje, nessa existência, é extremamente importante. O mundo precisa de você. Por isso, seja tão presente quanto for possível em todas as situações. Às vezes, trabalhar com o corpo físico pode ajudar a equilibrar o corpo espiritual também. Muitas escolas de artes marciais, por exemplo, incorporam essa ideia aos seus ensinamentos.

Sente-se de maneira completamente imóvel em uma posição confortável e passe cada uma das mãos pelo corpo, alternadamente, da cabeça aos dedos dos pés. Ao tocar cada parte, diga: "Esta é minha cabeça. Estes são meus cabelos. Estas são minhas bochechas". E assim por diante. Faça isso várias vezes por semana para se conhecer a fundo. Do ponto de vista energético, essa prática ajuda seu espírito a "concordar" em estar presente nesse espaço e tempo.

Aprofunde esse exercício, aumentando a dificuldade dele enquanto caminha lentamente pela sua casa, e faça o mesmo processo de toque e reconhecimento. Conforme anda, passe suas mãos alternadamente pelo corpo, dizendo: "Este é meu ombro. Este é meu cotovelo". Novamente, realize esse exercício várias vezes por semana para se tornar totalmente presente em sua vida.

Por fim, foque a atenção no mundo ao seu redor. Quando puder, toque nos objetos que encontrar pelo caminho (é melhor não fazer isso com as pessoas!), identificando cada um deles ao tocá-los, como, por exemplo: "Isto é uma mesa. Isto é uma cadeira".

Aumentar a presença no mundo é um exercício muito físico que pode proporcionar diversos benefícios à prática espiritual.

EXERCÍCIO 9:
PERMITA-SE AMAR

**Você se sente isolado do mundo?
Sente-se sozinho ou acha difícil
confiar nas pessoas?**

Independentemente do que aconteceu no passado, esta é uma nova oportunidade de amar e de se abrir para o mundo. Costumamos carregar nossas dores passadas conosco para o presente, criando um futuro que não desejamos. O chakra cardíaco é o centro do nosso ser e a porta para a nossa felicidade. Portanto, eis a seguir um exercício fácil para cultivar o amor em todos os momentos de nossas vidas.

Não importa onde você esteja, o que estiver sentindo ou fazendo, você precisará respirar. Sem respiração, não há vida. Os pulmões estão muito próximos do chakra cardíaco, por isso é bastante fácil conectar o fôlego ao coração, uma vez que eles dividem, fisicamente, o mesmo espaço.

Aprenda a cultivar o amor e a abrir seu chakra cardíaco enquanto respira de forma consciente ao longo do dia. Sempre que inalar, imagine que o ar está repleto de uma luz branca. Ao encher os pulmões, essa luz preencherá seu coração. Com a prática, cada inspiração fará seu coração transbordar de amor e alegria, graças a essa luz branca. Já quando exalar, lembre-se de se desfazer de todas as coisas negativas presentes no seu ser: medo, raiva, apego, ressentimento, vingança, preocupação, perda, falta, passado, erros... Enfim, tudo aquilo que não se encaixa mais na sua vida. Em cada situação, seja ela positiva ou negativa, inale essa luz branca de amor e exale todas as coisas ruins. A luz branca trará um sorriso espontâneo aos seus lábios durante qualquer experiência da vida. Uma respiração cuidadosa, centrada em abrir o chakra cardíaco, não só nos torna mais presentes como também nos ajuda a focar somente o lado positivo da vida.

EXERCÍCIO 10:
CULTIVE O AMOR-PRÓPRIO

Você se sente facilmente atingido por críticas e opiniões alheias? Você se sente uma pessoa inexperiente?

Se você for sensível a energias, pode ser difícil não ser atingido pelos sentimentos, pensamentos e opiniões de terceiros, principalmente porque isso emana dos campos energéticos deles em direção ao mundo. Pessoas mais sensíveis são capazes de acessar essa energia e, portanto, podem deixar que as influências externas pesem sobre suas crenças. Então como impedir que isso aconteça?

Alguns exercícios anteriores já destacaram o cultivo da presença. Tornar-se mais presente para si mesmo ajudará a reduzir influências indesejadas, mas, sem dúvida alguma, a suscetibilidade às opiniões e aos desejos de outras pessoas tem muito a ver com o chakra sacral. Isto posto, há diversas maneiras de fortalecê-lo. Tradicionalmente, essa prática de yoga é chamada de "Nakra-Kriya" (Limpeza do Crocodilo) e trabalha com cada vértebra, usando respiração controlada para curar o segundo chakra. Internamente, os mantras diários são uma ótima maneira de treinar suas crenças sobre si mesmo. Sempre que se sentir afetado de forma negativa por outras pessoas, diga: "Eu sou fantástico. Eu sei no que acreditar. Eu me amo". Feche os olhos e acrescente: "Não posso controlar as outras pessoas; somente a mim mesmo. E escolho me amar".

ÍNDICE REMISSIVO

A

afirmação positiva do chakra
    cardíaco, 61
    do plexo solar, 51
    do terceiro olho, 81
    laríngeo, 71
    raiz, 33
    sacral, 41
Ajna, 72
amor, 53, 56, 57, 58, 61
Anahata, 52
Annie Besant, Charles Leadbeater, 21
Arthur Avalon, 22
asanas, 64
associações, 8, 23, 77
aterramento, 91
atividade para se conectar ao chakra
    cardíaco, 58
    do plexo solar, 49
    do terceiro olho, 78
    laríngeo, 69
    raiz, 31
    sacral, 40
Atman, 19
aumentar a presença, 112
aura, 8, 103
autodomínio, 73

B

Barbara Ann Brennan, 23
bem-estar, 9, 35, 40
Bramã, 19
Budismo
    Dzogchen, 125
    e o jainismo, 21
    tântrico, 20

C

calma e equilíbrio, 54
características, 8, 10, 18, 20
chakra
    cardíaco, 52
    coronário, 18, 74, 80, 82
        além do, 92
    da Terra, 91
    do plexo solar, 42, 47, 105
    do terceiro olho, 72, 77
    laríngeo, 62, 65
    raiz, 24, 29
    sacral, 34
chakras
    elevados, 93
    menores, 93
chi, 9
Christopher Hills, 22
como usar este livro, 12
comunicação, 63
consciência, 8, 9
cores, 9
criatividade, 36
como cultivar
    foco, 111
    o amor-próprio, 116
    um espaço sagrado, 109

D

defumação, 103
desconexão noturna, 101
Descrição dos Seis Chakras (livro), 22
despertar espiritual, 73, 93
discurso, 64, 68

E

elevados, 92
energia
  de Atman, 19
  vital, 8, 66, 84
espaço sagrado, 109
Evolução Nuclear
    A Descoberta do Arco-íris Interno
    (livro), 23
exercícios, 8, 14, 47
  de respiração, 57
  físicos, 57

F

filosofia indiana, 20

G

glândula
  pineal, 77
  endócrina, 29, 39
  suprarrenal, 29

H

habilidades mediúnicas, 74
Helena Blavatsky, 21
Henry Olcott, 21
História dos chakras, 16

I

imunidade, 57
informações conflitantes, 7
intuição, 78

K

Kundalini, 18, 84

L

luz, 27, 28, 35

M

Manipura, 42
mantras, 19, 65
Mãos de Luz (livro), 23
medicina tradicional chinesa, 19
meditação, 8, 14, 19
  para se conectar ao chakra
    cardíaco, 55
    do plexo solar, 45
    do terceiro olho, 75
    laríngeo, 66
    raiz, 27
    sacral, 37
moksha, 19
Movimento Nova Era, 8
Muladhara, 24

N

nadis, 19

O

O Poder da Serpente
    Os Segredos do Yoga Tântrico e do
    Yoga Shaktic (livro), 22
Os Cinco Elementos Sagrados (livro), 22

O Sistema de Chakras segundo
  Gorakshanatha (livro), 22
outros chakras, 7, 27, 90

P

pâncreas, 47
Permita-se Amar, 114
pesadelos, 98
pituitária, 77
poder, 21
pontos de acupuntura, 93
pontos de energia concentrada, 8, 23
prana, 19
projete sua verdadeira voz, 105

Q

quiz, 97

R

relacionamentos, 53, 125
Renove a Vitalidade do Chakra Raiz, 107
ressonância, 64

S

Sahasrara, 82
saúde e o bem-estar, 47
segurança, 25
selar seu espaço, 97, 100
sete chakras, 22
sete cores do arco-íris, 22
sexualidade, 35
siddhis, 74
Sir John George Woodroffe, 22

sistema digestivo, 47
Sociedade Teosófica, 21, 22
sono, 77, 109
Susumna, 87
Svadhishthana, 34
Swami Purnanda, 22

T

taoísmo chinês, 9
Técnica de Liberação Emocional (EFT), 57
teste para otimizar seus chakras e sua
  vida, 97
tireoide, 68
tradição tântrica, 25, 35

U

Upanishad 9, 18

V

visão ocidental, 21
Vishuddha, 62

X

xenoestrogênios (falsos estrogênios), 39

Y

yoga dos sonhos, 63, 65
Yoga Hatha, 125
Yoga Kundalini, 10, 18, 22
Yoga Tântrica, 22
yogis, 20

AGRADECIMENTOS

Os autores gostariam de agradecer a Lisa Hagan por ser uma agente tão fantástica e uma defensora inabalável do nosso trabalho. Também somos gratos a Kate Zimmermann pela assistência valiosa e por permitir que compartilhássemos nosso livro com o mundo. Além disso, nosso muito obrigado aos amados familiares, que não só nos apoiaram, mas também celebraram nossas aventuras literárias. Amy gostaria de dirigir um agradecimento muito especial a Laurie Levity Laughing Star por todo apoio dado às primeiras incursões da autora no mundo dos chakras.

AMY LEIGH MERCREE é autora, especialista em relacionamentos, *coach* de bem-estar e médica intuitiva. Além disso, ministra palestras ao redor do mundo, especialmente sobre bondade, alegria e bem-estar, e também trabalha como roteirista e produtora de cinema.

CHAD MERCREE estuda e pratica Yoga Hatha e Yoga Kundalini, além de ser um grande estudioso do Budismo Dzogchen, uma vertente do Budismo Tântrico. Chad ministra *workshops* sobre meditação, despertar espiritual e conexões espirituais e científicas com o mundo ao nosso redor.

MAGICAE
DARKSIDE

MAGICAE é uma marca dedicada aos saberes ancestrais, à magia e ao oculto. Livros que abrem um portal para os segredos da natureza, convidando bruxas, bruxos e aprendizes a embarcar em uma jornada mística de cura e conexão. Encante-se com os poderes das práticas mágicas e encontre a sua essência.

DARKSIDEBOOKS.COM